DECLÍNIO DA RELIGIÃO E FUTURO DO EVANGELHO

Dados Internacionais de Catalogação na Publicação (CIP)
(Câmara Brasileira do Livro, SP, Brasil)

Castillo, José M.
  Declínio da religião e futuro do Evangelho / José M. Castillo ; tradução de Francisco Morás. – Petrópolis, RJ : Vozes, 2024.

  Título original: Declive de la religión y futuro del Evangelio
  ISBN 978-85-326-6881-3

  1. Cristianismo 2. Evangelho 3. Religião 4. Teologia I. Morás, Francisco. II. Título.

24-200913   CDD-200

Índices para catálogo sistemático:

1. Religião   200
Eliane de Freitas Leite – Bibliotecária – CRB 8/8415

JOSÉ M. CASTILLO

DECLÍNIO DA RELIGIÃO E FUTURO DO EVANGELHO

Tradução de Francisco Morás

EDITORA VOZES
Petrópolis

© Editorial Desclée De Brouwer S.A., Bilbao, Espanha, 2023.

Tradução do original em espanhol intitulado *Declive de la religión y futuro del Evangelio*

Direitos de publicação em língua portuguesa – Brasil: 2024, Editora Vozes Ltda.
Rua Frei Luís, 100
25689-900 Petrópolis, RJ
www.vozes.com.br
Brasil

Todos os direitos reservados. Nenhuma parte desta obra poderá ser reproduzida ou transmitida por qualquer forma e/ou quaisquer meios (eletrônico ou mecânico, incluindo fotocópia e gravação) ou arquivada em qualquer sistema ou banco de dados sem permissão escrita da editora.

CONSELHO EDITORIAL

Diretor
Volney J. Berkenbrock

Editores
Aline dos Santos Carneiro
Edrian Josué Pasini
Marilac Loraine Oleniki
Welder Lancieri Marchini

Conselheiros
Elói Dionísio Piva
Francisco Morás
Gilberto Gonçalves Garcia
Ludovico Garmus
Teobaldo Heidemann

Secretário executivo
Leonardo A.R.T. dos Santos

PRODUÇÃO EDITORIAL

Aline L.R. de Barros
Marcelo Telles
Mirela de Oliveira
Otaviano M. Cunha
Rafael de Oliveira
Samuel Rezende
Vanessa Luz
Verônica M. Guedes

Conselho de projetos editoriais
Isabelle Theodora R.S. Martins
Luísa Ramos M. Lorenzi
Natália França
Priscilla A.F. Alves

Editoração: Marina Montrezol
Diagramação: Editora Vozes
Revisão gráfica: Nilton Braz da Rocha
Capa: Kaylane Candian

ISBN 978-85-326-6881-3 (Brasil)
ISBN 978-84-330-3218-8 (Espanha)

Este livro foi composto e impresso pela Editora Vozes Ltda.

Para Margarita Orozco

Sumário

Apresentação, 11

1 – O Evangelho a serviço da religião, 13

2 – O Evangelho em confronto com a religião, 16

3 – Os problemas sublinhados pelo Evangelho, 21

4 – Esclarecer as coisas, 24

5 – A saúde e a vida, 27

6 – O dinheiro e a riqueza, 30

7 – Da riqueza às raízes do capitalismo, 33

8 – Evangelho e economia, 35

9 – Quando a riqueza nos engana, 41

10 – Acima de tudo, o seguimento de Jesus, 43

11 – Evangelho e forma de vida, 47

12 – Evangelho e seguimento de Jesus, 49

13 – Fé em Jesus e seguimento de Jesus, 51

14 – Existe uma Igreja que engana?, 54

15 – O "seguimento" e a cruz, 57

16 – A riqueza incapacita o seguimento, 61

17 – O bem próprio e o bem dos outros, 64

18 – O juízo final de Deus, 69

19 – O perigo da ambição pelo poder, 72

20 – A mediocridade no seguimento de Jesus, 76

21 – Paixão e contradição, 79

22 – Paulo de Tarso e sua "religião de redenção", 83

23 – Religião e Evangelho: em que diferem?, 88

24 – A evolução do Evangelho para a religião, 92

25 – Viver o Evangelho é algo "suspeito"?, 97

26 – Que religião praticam os cristãos?, 102

27 – Por que a religião matou Jesus?, 106

28 – O poder do papado, 110

29 – A bondade e a humanidade de Deus, 117

30 – O Evangelho, um "projeto de vida", 121

31 – O fato religioso e o fato evangélico, 124

32 – O desvio da Igreja, 128

33 – O inevitável distanciamento do Evangelho, 135

34 – O incansável exercício da caridade, 141

35 – Transmitir o Evangelho a partir da religião?, 142

36 – A eficácia do direito canônico, 145

37 – O que houve na Igreja?, 148

38 – Resposta tranquilizadora ou eficaz?, 151

39 – Jesus não fundou uma religião, 155

40 – Fazer do Evangelho uma religião?, 160

41 – A chave para conhecer o Evangelho, 164

42 – O declínio da religião, 167

43 – A religião vai perdendo o interesse, 171

44 – Início de uma nova viragem na Igreja, 173

45 – A persistência da religião, 175

46 – A religião diante do Iluminismo, 178

47 – Obediência episcopal e seguimento evangélico, 181

48 – Declínio da religião e anticlericalismo, 183

49 – O Evangelho como solução, 186

50 – O apostolado pode nos enganar, 190

51 – Prática da religião e fidelidade ao Evangelho, 192

52 – Riqueza e poder na Igreja, 195

53 – A orientação evangélica do Papa Francisco, 197

54 – O futuro do Evangelho, 200

55 – Uma Igreja que vive o Evangelho, 202

Apresentação

O ponto de partida deste livro é um fato bem conhecido: *na Igreja fundiu-se e confundiu-se a religião com o Evangelho.* Um fato tão importante quanto inadvertido. Muitos são os cristãos que não se dão conta de que *foi a religião que se opôs a Jesus, que o perseguiu e finalmente acabou matando-o.* Na verdade, foram os líderes da religião (o Sinédrio) que viram com clareza que, se não acabassem com Jesus e seu Evangelho, o próprio Evangelho acabaria com eles e a religião deles (Jo 11,47-53). Se há, em última análise, algo evidente nos relatos dos evangelhos, é o fato de que já desde a "fundação da Igreja" (*In eiusdem fundatione manifestatur*) (LG 1) se diz e se explica como e por que a religião e o Evangelho são incompatíveis.

Mas há algo mais. Não se trata apenas do fato de a Igreja ter feito compatível o que os dirigentes da religião viram ser incompatível, mas, além disso, com o passar do tempo, ao longo dos séculos III e IV, a Igreja evoluiu de tal forma que, enquanto a presença da religião foi se tornando cada vez mais evidente, o Evangelho, ao contrário, foi sendo marginalizado. Por consequência, aconteceu o que estamos sentindo: na Igreja em que vivemos *está mais presente a religião do que o Evangelho.* Além disso, para muitas pessoas o Evangelho foi reduzido a um elemento ou a um componente da "celebração religiosa" mais importante: a missa. Ou seja, em cada missa, juntamente com orações, ofertório, consagração, comunhão etc., um dos momentos é reservado ao "evangelho". Daí a razão pela qual a maioria das pessoas frequentadoras de missas entra e sai delas convencida de ser alguém "religioso". Ocorre a alguém imaginar que a missa o torna mais "evangélico"? Essa preocupação – sobre a qual não se costuma falar – parece entrar no rol das extravagâncias ou de algo raro de que poucas pessoas se dão conta; pelo menos é o que pessoalmente imagino.

Será que já paramos para pensar sobre o que isso representa e sobre suas consequências? É exatamente sobre essa temática que pretendo refletir neste livro. Não em termos teóricos, como uma ideia meramente especulativa, mas como uma forma de comportamento; ou seja, entendendo o Evangelho como uma "forma de vida", ou, talvez melhor, como uma "forma de viver", como um comportamento no qual o centro e a linha mestra de nossa conduta se reportam ao Evangelho e às suas exigências. Quanto aos rituais, apenas os indispensáveis e adequados, exatamente para viver e expressar a nossa relação com o Pai-Deus, que se nos revelou em Jesus no Evangelho.

1
O Evangelho a serviço da religião

Como mencionei acima, é fato que na Igreja fundiu-se e confundiu-se religião e Evangelho, a ponto de uma significativa maioria de cristãos – e pessoas religiosas em geral – estar convicta de que o Evangelho é um dos elementos do "ato religioso" mais importante: a santa missa. Ou seja, essa maioria sabe que um dos componentes desse "ato religioso" é a leitura do Evangelho, com sua consequente explicação (a homilia), na qual o sacerdote, enquanto profissional da religião, explica, interpreta e diz aos fiéis como devem entender o conteúdo lido, geralmente acenando para a necessária obediência aos preceitos privilegiados pela religião, cujos dirigentes são os sacerdotes.

Isso é o que se ensina mundo afora às crianças cristãs, é o que vimos, aprendemos e vivemos ao longo dos anos: o Evangelho é uma das formalidades da religião e, por consequência, assim é interpretado pela religião. É fato inquestionável que os sacerdotes explicam o Evangelho de modo que a pregação fomente o que interessa à religião e, logicamente, a seus responsáveis e dirigentes: os homens do clero.

O que acabo de dizer é um fato evidente. Tanto que alguns leitores deste texto podem até estranhar que eu insista em repetir e enfatizar o que todos já sabem. Mas, se o faço, é porque esse fato tão conhecido costuma ocultar algo de que a maioria não se dá conta: mesmo que em teoria se possa afirmar que a religião está a serviço do Evangelho, na prática esse fenômeno se dá em sentido inverso. São os teólogos e os sacerdotes que se servem do Evangelho e o utilizam para submeter os fiéis à religião, ao que pensam, ordenam e ao que convém aos homens do clero, aos poderosos, às pessoas endinheiradas, objetivando manter e potencializar um tipo de sociedade, de política e de economia que sempre favorece não o que o Evangelho diz, mas o que interessa à religião.

Com razão o conhecido historiador Peter Brown, professor da Universidade de Princeton, escreve:

> Os ricos começaram a entrar na Igreja em números sempre mais crescentes apenas a partir do último quarto do século IV, geralmente para ocupar funções de liderança na qualidade de bispos e escritores cristãos. Mais do que a conversão de Constantino no ano 312, o que marcou o ponto de inflexão na cristianização da Europa foi a entrada nas igrejas de riquezas e talentos novos, a partir do ano 370, aproximadamente. Desde então, como membros de uma religião à qual se haviam somado os ricos e os poderosos, os cristãos puderam começar a imaginar o impensável: a possibilidade de uma sociedade completamente cristã[1].

E isso, se tivesse acontecido, teria saciado a aspiração de muitos bispos e escritores cristãos da Alta Idade Média: serem eles os pensadores e governantes de toda a Europa, como certamente se imaginavam.

Tudo isso, em última análise, nos quer dizer que na prática do governo eclesiástico, nos séculos IV e V, começou a impor-se a convicção de que, na Igreja, não apenas teriam que

---

1. BROWN, P. *Por el ojo de una aguja*. Barcelona: Acantilado, 2016, p. 1.034.

fundir-se a religião e o Evangelho, mas, além disso, isso devia acontecer de modo que o Evangelho estivesse ao serviço dos interesses da religião. Uma aspiração clerical que, em grande parte, se realizou.

Assim tornou-se realidade a fusão e a confusão entre religião e Evangelho na Igreja. Mas será que as lideranças da Igreja (daqueles idos) se deram conta do problema que isso implicava? Aqui tocamos o problema-chave que a Igreja tem que resolver. Vejamos em que consiste.

2
O Evangelho em confronto com a religião

Se há algo evidente no conjunto dos relatos evangélicos é o fato de que o Evangelho se confrontou, desde o primeiro momento, com a religião. O resultado imediato foi que, naquele enfrentamento, o vencedor foi a religião. E o fez com a vitória mais contundente e brutal: foi a religião que matou Jesus. Assim ficou fora de qualquer dúvida que a religião, praticada e cumprida aos mínimos detalhes, é incompatível com o Evangelho. Religião e Evangelho, levados à prática com a mais perfeita fidelidade, não podem conviver. E menos ainda fundidos e confundidos, como aconteceu ao longo de tantos séculos até hoje.

Os "homens da religião", o Sumo Sacerdote, os sacerdotes e os levitas dirigentes, os simples sacerdotes, os membros do que hoje chamaríamos de "clero"[2], aos quais se juntaram os escribas e os fariseus, se deram conta, desde o primeiro momento da atividade pública de Jesus, de que aquele *Rabbí, mestre e profeta* – segundo a nomenclatura judaica daquele tempo[3] – era um perigo muito sério para aquela religião tão rigorosa e normativa que praticavam.

---

2. Cf. JEREMIAS, J. *Jerusalén en tiempos de Jesús*. Madri: Cristiandad, 1977, p. 157-238.

3. *Ibid.*, p. 252. Cf. HENGEL, M. *Seguimiento y carisma*. Santander: Sal Terrae, 1981, p. 69-70.

Em que consistia tal perigo? Muito simples: para aqueles fiéis observantes, o principal e o mais importante era a submissão estrita à lei e aos ritos da religião. Isso, para eles, era o determinante, ao passo que, para Jesus, o principal e o mais importante era curar o sofrimento dos que padeciam enfermidades, miséria e escassez. É o que aparece com evidência – para citar um exemplo – na cura de um homem com um braço atrofiado: para os observantes da religião o principal era cumprir a lei religiosa, ao passo que para Jesus o principal era remediar o sofrimento humano. Como consequência imediata, os fariseus e os herodianos (religião e política) se puseram de acordo para matar Jesus (Mc 3,1-7; Mt 12,9-14; Lc 6,6-11).

No relato do evangelista João, embora o critério de Jesus se manifeste de outra maneira, no fundo fica evidente que o princípio determinante é o mesmo. Nas Bodas de Caná o problema não é a cura de um enfermo, mas a celebração de uma festa. Em plena festa o vinho acabou. E naquela casa não havia mais nada senão água. E não uma água para os usos domésticos, mas para as purificações dos judeus (Jo 2,6). Ou seja, era água "para as purificações rituais" da religião. E naquela casa os rituais de purificação pareciam tão presentes, que havia seis talhas de pedra com uma capacidade de cem litros cada uma. Em outros termos: o vinho estava escasso, ao passo que dispunham de seiscentos litros de "água religiosa". Sem sombra de dúvida, a religião estava mais presente do que a festa naquelas bodas. Mas Jesus, ao converter a água no melhor vinho (Jo 2,10), deu a entender que a felicidade humana está acima do cumprimento dos rituais religiosos.

Aliás, segundo o que acabo de indicar, compreende-se melhor a razão pela qual o relato termina dizendo que aquele foi "o começo de todos os sinais que Jesus fez; Ele manifestou a sua glória, e seus discípulos creram nele" (Jo 2,11). O relato das Bodas de Caná nos dizem que a fé em Jesus não se transforma em vida em nós mediante a abundância e a severidade dos rituais da religião (talhas de pedra), mas por meio da humanidade jubilosa que o Evangelho representa[4]: a abundância do melhor vinho.

O relato de João, no entanto, é muito mais eloquente e revolucionário, pois, diferentemente dos sinóticos (Marcos, Mateus, Lucas), João apresenta o incidente do templo não no fim da vida pública de Jesus, às vésperas de sua prisão e morte (Mc 11,15-19; Mt 21,10-17; Lc 19,45-48), mas no começo de sua vida pública, logo após as Bodas de Caná (Jo 2,13-22). Para compreender a importância desse acontecimento, vale lembrar que o templo era, em Jerusalém, a maior fonte de renda da cidade. Os impostos exigidos pelo templo, a venda e o comércio de animais para os sacrifícios religiosos, as fabulosas esmolas que levavam os estrangeiros que para lá acorriam etc. sustentavam a nobreza sacerdotal, o clero e os funcionários do templo[5]. O mais grave é que a adoração a Deus era, na verdade, um bom pretexto para fazer negócios lucrativos[6].

Considerando a totalidade do Evangelho, o incidente que Jesus provocou, chicote à mão, expulsando todas as pessoas

---

4. Bibliografia sobre este relato em ZUMSTEIN, J. *El Evangelio según Juan. Op. cit.*, p. 116.

5. JEREMIAS, J. *Op. cit.*, p. 157.

6. ZUMSTEIN, J. *Op. cit.*, p. 129.

daquele enorme santuário e dizendo aos sacerdotes que tinham convertido a casa de Deus em uma casa de negócios, foi a provocação mais forte relatada. Uma provocação na qual Jesus estava dizendo aos dirigentes do templo: "Vocês converteram a religião em um negócio assombroso". O dinheiro e a ganância têm sido, desde quando há religião neste mundo, a cilada e o engano mais repugnantes que os profissionais do "sagrado" cometeram e continuam cometendo. Talvez por isso Jesus não tenha construído nenhum templo. Além disso, os dirigentes que vieram adverti-lo perguntando-lhe "com que autoridade fazes isto", Jesus lhes respondeu: "Destruí este templo, e em três dias eu o reerguerei" (Jo 2,19a). Isso porque, para Jesus, o verdadeiro santuário era o seu próprio corpo (Jo 2,21). Ou seja, segundo o Evangelho, a "relação com o sagrado" deve converter-se em uma "relação com o humano".

Jesus insistiu de novo no tema do templo quando, atravessando a Samaria, teve uma longa conversa com uma mulher samaritana (Jo 4,4-42). Os judeus e os samaritanos não se entendiam justamente por causa do templo. Os judeus pensavam que Deus era encontrado no Templo de Jerusalém, ao passo que os samaritanos defendiam que o encontro com Deus devia ser no Templo de Garizin (cf. Dt 11,29; 27,11-12). Assim o manifestou a Samaritana, a quem Jesus respondeu: "Mas vem a hora, e é agora, na qual os verdadeiros adoradores adorarão ao Pai em espírito e verdade" (Jo 4,23). O que de fato Jesus estava dizendo àquela mulher é que a tradição de buscar e adorar a Deus no templo chegara ao fim, qualquer que fosse esse templo. Jesus veio nos mostrar que Deus se deixa encontrar lá onde e quando "se renova e se transforma o ser humano"[7]. Quando nos tornamos e vivemos enquanto seres verdadeiramente humanos, é então que encontramos e adoramos a Deus, da forma como o próprio Deus quer ser encontrado e adorado.

Em última análise, o Evangelho nos confronta com três decisões fundamentais: 1) Perante aquela lei da religião que mostra que a submissão a essa lei se antepõe ao sofrimento de um ser humano, Jesus opta pela cura do homem da mão paralisada, mesmo que esse simples ato já o expusesse ao perigo de morte (cf. Mc 3,6 par.). 2) Perante o ritual da religião, que antepõe a exagerada abundância e o peso da água que a purificação religiosa exigia (600 litros em talhas de pedra), e diante da penosa escassez de vinho para festejar as bodas, Jesus prefere o bom vinho da festa e relega a um segundo plano a água do ritual religioso. 3) Perante as vantagens econômicas e os interesses dos sacerdotes no templo, Jesus diz sem rodeios que o verdadeiro templo é o Deus humanizado (encarnado) no próprio Jesus.

A conclusão não permite dúvidas: se levarmos Jesus a sério, o mais evidente é que Deus é encontrado não onde o temos imaginado ou onde os mortais o colocaram, ou seja, na religião, mas na profunda e autêntica humanidade, como no-lo diz claramente o Evangelho de Jesus.

---

7. *Ibid.*, p. 198-199.

3
Os problemas sublinhados pelo Evangelho

Qualquer leitor que pretenda saber o que o Evangelho ensina não tardará em dar-se conta de que os quatro livros que recolhem os relatos evangélicos (Mateus, Marcos, Lucas, João) insistem repetidamente em três problemas que interessam e preocupam a todo ser humano: a saúde, a economia e as relações humanas. Daí a insistência na cura dos enfermos e a preocupação em suprir as carências sofridas pelos pobres. A isso urge acrescentar o enorme problema das relações humanas: o amor, o ódio e o profundo vazio da solidão, estreitamente vinculada a esses fatores. Em última análise, saúde, pobreza e solidão são as três grandes raízes do sofrimento que mais preocupam a humanidade no tempo e na sociedade em que vivemos.

Fundamental é destacar que o Evangelho não insiste nestes três problemas dizendo às pessoas que são os mais importantes e que se trata de problemas que devem ser resolvidos o quanto antes e de maneira eficaz. Isso todo mundo já o sabe. E, obviamente, são problemas que não se resolvem com discursos e explicações, nem dependem de teorias, nem de sermões, mas de ações. Por isso o Evangelho não é um conjunto de teorias transmitido mediante uma *linguística* na qual deve transparecer a harmonia entre o *significante* (o que quero comunicar) e o *significado* (a palavra que uso para aquilo que pretendo comunicar).

Se o que pretendo comunicar não é uma teoria, mas um fato, então preciso usar a *narrativa*, que se efetiva por meio de *relatos*, e na qual o indispensável é a harmonia entre a *história contada* e a *enunciação*, isto é, o que o relato representa ou pretende comunicar[8].

Pois bem, se o que o Evangelho nos ensina não é uma série de *teorias* (sobre Deus, a religião, o sagrado e o profano...), mas nos coloca diante de *fatos* (a saúde, a economia, o amor, ou seja, a experiência de sentir-se valorizado e querido), que são os pilares da felicidade ou da desgraça dos seres humanos, isso nos quer dizer que Deus se nos revela ou se nos dá a conhecer em Jesus não mediante teorias que nos convencem pela veracidade de seus argumentos, mas pela conduta. Uma conduta que não se centra na observância das normas sagradas e dos rituais religiosos que tranquilizam nossa consciência, mas que busca remediar o sofrimento dos seres humanos. Sobretudo nas três causas fundamentais que nos fazem sofrer: a enfermidade, a pobreza e o abandono, ou, o que é pior, o desprezo e o ódio.

Por isso é fácil compreender que a maioria dos relatos do Evangelho se refira à cura de enfermos e aos episódios ou parábolas que insistem na penosa situação dos pobres, nos abusos dos responsáveis pela pobreza, nos poderosos e abastados, que normalmente abandonam os que se sentem sós ou, o que é pior, têm que suportar o isolamento, o desinteresse e o desprezo. Tinha total razão o compositor argentino Rodolfo Sciammarella, em 1941, quando lançou uma música que logo se converteu em sucesso internacional:

---

8. MARGUERAT, D.; BOURQUIN, Y. *Cómo leer los relatos bíblicos* – Iniciación al análisis narrativo. Santander: Sal Terrae, 2000, p. 36-38.

> Três coisas existem na vida:
> Saúde, dinheiro e amor.
> Quem tiver essas três coisas,
> Que dê graças ao Senhor.

Ora, estas três coisas que existem na vida – saúde, dinheiro e amor –, que nos fazem felizes se as temos e desafortunados se delas carecemos, são três grandes lições que o Evangelho transmite. Ademais, o Evangelho não apenas as sublinha, mas as constitui em pilares que nos garantem a presença ou a ausência de Jesus em nossas vidas.

4

Esclarecer as coisas

O conteúdo da parte anterior pode nos desorientar se o que foi dito não for devidamente explicado. Muitos são os leitores dos quatro evangelhos que, por exemplo, interpretam as curas de enfermos como milagres que demonstram a divindade de Jesus Cristo. Ou, quando os relatos se referem ao dinheiro, quem o tem em abundância pode passar a dar alguma esmola como ato de caridade aos necessitados. E, se o relato evangélico menciona a importância do amor, há quem tranquilize sua própria consciência ajudando um pouco sua paróquia, sua confraria ou o convento que frequenta. Fervores e piedades, obviamente, são bons sentimentos, mas muita gente piedosa e devota se limita apenas a tais gestos, tranquilizando assim a própria consciência. E, pelo fato de essa atitude repetir-se com bastante frequência, urge esclarecer a questão e colocar as coisas no lugar.

Em primeiro lugar, é indispensável ter presente que o cristianismo não nasceu da religião, mas do Evangelho. E o Evangelho, como bem o sabemos, não foi – e nem é – uma religião, mas "o enfrentamento de Jesus com a religião". Um enfrentamento tão profundo e radical que acabou num conflito mortal: os dirigentes da religião condenaram Jesus à morte e não se deram por satisfeitos enquanto não o vissem executado do modo mais cruel daquele tempo: na cruz.

Se a origem e o ponto de partida da Igreja forem vistos dessa forma, o problema que hoje se nos apresenta não é o "pós-teísmo", ou a "pós-religião", mas a fidelidade da Igreja ao Evangelho. Obviamente, não se postula que a Igreja deva voltar ao século primeiro e limitar-se a reproduzir os relatos evangélicos. Além de isso não ter nem pé nem cabeça, a Igreja sequer poderia fazê-lo. Já referi que o que importa nos relatos do Evangelho não é sua historicidade, mas seu caráter significativo. O que deveria interessar à Igreja é o significado das "obras" ("*érga*") de Jesus. Dito de outra forma: o que importa e o determinante é compreender e praticar o que Jesus fazia e como o fazia.

Mas urge fazer outra advertência: a atividade de Jesus, com suas obras, era desconcertante. Tanto que até João Batista, já encarcerado na prisão de Herodes, ao inteirar-se do que Jesus fazia, mandou dois discípulos a lhe perguntar: "És tu aquele que vem ou devemos esperar outro?" (Mt 11,2). Sem dúvida alguma, se o Batista fez essa pergunta, o mais provável é que até ele estivesse confuso ao dar-se conta de que Jesus, em vez de entregar-se à luta contra os pecadores, os cobradores de impostos e as prostitutas, centrou sua ação em remediar os sofrimentos, em dar vida (inclusive aos mortos) e em anunciar aos pobres a "Boa-nova" (o Evangelho) (Mt 11,5; cf. Is 61,1; 35,5s. 42,18)[9]. Entretanto, que boa-nova seria possível dar aos pobres senão a de que iriam deixar de ser pobres?

O projeto do Batista era a luta contra o pecado. João, de fato, não cessava de repetir que sua missão era conseguir

---

9. LUZ, U. *El Evangelio según san Mateo*. Salamanca: Sígueme, 2006, v. 2, p. 232.

de seus ouvintes a "confissão dos pecados" (Mt 3,6), o "perdão dos pecados" (Mc 1,4), "a emenda para o perdão dos pecados" (Lc 3,3). Como acertadamente já se afirmou, sua mensagem brotava da decisão de "colocar toda a sua vida sob o juízo de Deus e não esperar senão o seu perdão"[10]. Sua ideia fundamental era a questão do pecado, ou seja, a relação do ser humano com Deus, ao passo que a ideia determinante de Jesus era (e é) a relação do ser humano com os outros seres humanos. Ou seja, o projeto de Jesus foi sua luta contra o sofrimento.

Compreende-se, a partir disso, que o projeto do Batista brotou da religião, ao passo que o projeto de Jesus brotou do Evangelho. E por isso, sem sombra de dúvida, Jesus chegou a dizer que "o menor no Reino de Deus é maior que João Batista" (Mt 11,11b). Isso corta e põe fim à tendência, visível em algumas passagens dos evangelistas, de "cristianizar" o Batista vinculando-o ao Reino de Deus, o que é muito discutível e bastante problemático.

João Batista foi um homem exemplar que representou a passagem da religião de Israel para o Evangelho de Jesus, fato que, como já o dissemos, significa que o centro da religião, que é a luta contra o pecado, se deslocou para o centro do Evangelho, que é a luta contra o sofrimento.

---

10. BOVON, F. *El Evangelio según san Lucas*. Salamanca: Sígueme, 2005, v. 1, p. 245.

5

A saúde e a vida

Acima afirmei que são três os grandes temas ou pilares que se destacam na vida de Jesus: a saúde, o dinheiro e o amor. Trata-se, de fato, de três grandes questões que, de uma forma ou de outra, interessam e preocupam a todos.

Comecemos pela saúde. Quando Jesus andava pelo mundo, a enfermidade era explicada como consequência do pecado. As referências à relação entre pecado e doença são antigas e abundantes[11]. No Evangelho, por exemplo, é impressionante o relato do cego de nascença (Jo 9,2) e o perdão do paralítico (Mc 2,1-12 par.). Ademais, tudo isso consta também na *Oração de Nabonidus,* texto eloquente de Qumran[12].

Obviamente, essa conexão entre doença e pecado tinha uma consequência muito negativa para o paciente, pois, além de enfermo, era rotulado de pecador e, por conseguinte, desprezado. Ou seja, era um desafortunado (pela doença) e, além disso, uma pessoa ruim (pelo pecado). Daí porque, como Jesus muitas vezes deixou patente, curar o corpo e dignificar a pessoa tinham o mesmo sentido.

---

11. PLUTARCO. *Moralia.* Monachii: Saur, c1958. Cf. BILLERBECK, *Kommentar zum Neuen Testament aus Talmud und Midrasch,* v. 1, p. 495; vol. 2, p. 527-590; REIN, M. Die Heiligung des Blindgeborenen (Joh 9). *In: Wissenschaftliche Untersuchungen zum Neuen Testament, Tradition und Redaction.* Mohr Siebeck Verlag: Tubinga, v. 2, 1995, p. 101-108.

12. MARCUS, J. *El Evangelio según Marcos.* Salamanca: Sígueme, 2010, v. 1, p. 244.

Entretanto, ainda que curar enfermos e dignificar pecadores pareça uma tarefa que deva se antepor a qualquer outra atividade ou crença, os evangelhos nos informam sobre uma realidade diferente. A religião de então, sobretudo na visão de seus seguidores mais rigoristas (os fariseus), permitia ver a cura de um jovem com o braço atrofiado (Mc 3,1-6; Mt 12,9-14; Lc 6,6-11) ou a cura de uma mulher encurvada (Lc 13,10-17) como motivo de escândalo e, inclusive – no primeiro caso mencionado –, de argumento para pôr fim à vida de Jesus (Mt 11,12-14).

Além disso, os mais ferrenhos cumpridores da religião viram um pecado de roubo no fato de os discípulos de Jesus arrancarem algumas espigas de trigo para saciar a própria fome (Mc 2,23-36 par.). E mais eloquente ainda é o episódio da cura de um hidrópico (Lc 14,1-6), motivo de escândalo para os observantes fariseus, aos quais Jesus disse: "Quem de vós, se um burro ou um boi cair no poço, não o retira imediatamente em pleno dia de sábado?" Ou seja, não estariam dando mais valor à lei que salva o burro do que o carinho devido ao próprio filho?[13]

Mas, há mais. O Evangelho de João relata a cura de um paralítico em dia de sábado (Jo 5,1-9) e outra cura (também em dia de sábado) de um cego de nascença (Jo 9,1-7ss.). Os fariseus, vendo realizar-se a cura em dia de sábado, disseram em seguida que Jesus era um pecador (Jo 9,24). Para o Evangelho era mais importante a saúde do enfermo do que a submissão imposta pela religião; para a religião, no entanto,

---

13. Cf. BEILNER, W. Sabbaton. *In*: BALZ, H.; SCHNEIDER, G. *Diccionario exegético del Nuevo Testamento*. Salamanca: Sígueme, 1998, v. 1, p. 1.331-1.340.

era o contrário: a observância da lei religiosa era mais importante do que a saúde e a felicidade de um desafortunado, a quem ninguém socorria.

É evidente que o primeiro e o mais importante para Jesus era a saúde, o cuidado, a cura dos enfermos, dos aleijados, daqueles cuja integridade de vida era ameaçada. E essa deveria ser a primeira e a mais importante preocupação da Igreja. Uma Igreja que se interessa mais pela ortodoxia de sua teologia, mais pela observância de sua liturgia e mais pela abundância e pelo poder do clero do que pela abundância de hospitais e clínicas bem-aparelhadas, pela qualidade e quantidade de médicos e agentes de saúde ou por um serviço farmacêutico que esteja ao alcance de todos, é uma Igreja distante do Evangelho. Uma Igreja que não tem essa convicção é uma Igreja mais preocupada "com a lei da religião" do que com a "fidelidade ao Evangelho".

É lamentável e escandaloso que uma Conferência Episcopal esteja mais preocupada com o dinheiro que recebe para o culto e para o seu clero do que com o pecuniário financeiro de que o Estado dispõe para pagar médicos e profissionais da saúde ou para manter hospitais e clínicas especializadas em funcionamento, e fazer com que, assim, nossos melhores profissionais tenham que buscar melhores condições de salários em outros países. O mais preocupante é que nos ambientes clericais e eclesiásticos essa problemática não receba a atenção devida.

A Igreja precisa atualizar-se, renovar-se. Precisa demonstrar, com fatos, e não com meras palavras, que o Evangelho vem em primeiro lugar e deve ser atualizado, e que, portanto, a saúde pública é um âmbito que demanda sua atenção.

6
O dinheiro e a riqueza

Jesus nasceu em condições bizarras e, de certa forma, em um lugar pouco digno para uma mãe dar à luz um filho. O texto do Evangelho de Lucas (2,7) diz que Jesus nasceu em um *"katalyma"*. Com esta palavra Lucas sublinha um fato estranho: o nascimento de Jesus não aconteceu em um espaço destinado à habitação humana, mas em um estábulo, ou em uma gruta[14], espaço indigno para um ser humano, dado que sua mãe teve que deitá-lo em um presépio (*phatnê*). Esse foi o início da vida de Jesus, e seu fim foi a morte da forma mais baixa que uma sociedade pode adjudicar: a de um "delinquente executado"[15], à época destino comum de criminosos e escravos.

Portanto, Jesus nasceu pobre, viveu pobre e morreu na mais absoluta miséria. Um homem que começou e acabou assim iria querer ver-se representado, no mundo e na sociedade, por um Estado majestoso e soberano, com instituições, títulos e dignidades que gerenciam poder e dinheiro, que ostentam títulos, palácios, extratos sociais do mais alto nível, e que além disso se calam e ocultam negócios e pareceres judiciais que

---

14. Cf. BENOIT, P. *Non erat eis locus in diversorio (Lc 2, 7)*. Cf. RIGAUX, F. S., p. 173-186. Cf. BALZ, H.; SCHNEIDER, G. *Diccionario exegético del Nuevo Testamento. Op. cit.*, p. 2.239.

15. THEISSEN, G. *El Movimiento de Jesús* – Historia social de una revolución de valores. Salamanca: Sígueme, 2005, p. 53.

não seria "prudente" publicar? Não! Jesus não quis nada disso. Tampouco pôde querê-lo.

De qualquer forma, o que é evidente no Evangelho é que Jesus proibiu taxativamente aos apóstolos o uso de dinheiro para difundir o Evangelho. No Evangelho de Mateus aparecem duas questões importantes. A primeira: o anúncio do Evangelho nunca deve ser um negócio; a segunda: o Reino de Deus não deve ser anunciado por quem carrega consigo víveres, bom calçado, munindo-se de proteção (bastão) contra os imprevistos (Mt 10,9)[16].

Mais adiante explicarei a profundidade dessa exigência de Jesus para os que pretendem difundir o Evangelho e, sobretudo, explicar que a mensagem evangélica somente se transmite a partir do desprendimento de qualquer vínculo ou dependência, seja qual for.

Por enquanto, o importante é deixar claro que falar de "dinheiro" (*chrysos*) e de "riqueza" (*ploútos*) não é a mesma coisa. Jesus não proibiu o dinheiro. O que o Evangelho rechaça é a riqueza enquanto acumulação de dinheiro em detrimento dos que não têm o indispensável para viver. Não é exagerado afirmar que a maior desgraça deste mundo é a péssima distribuição do dinheiro. Uma desgraça que é um crime mundial e monumental. É que o capitalismo, tal como de fato funciona, inevitavelmente produz grandes desigualdades que acabam sendo a origem e a causa de terríveis crimes. Não sem razão nos evangelhos – especialmente o de Lucas – os adversários

---

16. Cf. LUZ, U. *El Evangelio según san Mateo*. Salamanca: Sígueme, 2006, v. 3, p. 138-139.

de Jesus pensam e agem principalmente como pessoas ricas (Lc 16,14; 11,39; 20,47)[17].

Com o passar do tempo, porém, especialmente na Alta Idade Média, e sobretudo a partir do século VI, a entrada abundante de ricos na Igreja fez pensar que as pessoas ricas não eram adversárias de Jesus, mas a base de uma sociedade verdadeiramente cristã[18].

Tão completamente cristã que levou a pensar que esta nossa Igreja, a da terra, fundia-se com a do céu, a ponto de entender-se como uma mesma Igreja, justificando assim a união entre a terra e o céu. Assim, a Igreja deste mundo seria a mesma Igreja do céu[19]. Com isso, essencialmente e sem dar-se conta, os ricaços que tornaram possível aquela Igreja identificaram suas riquezas com o céu. Semelhante extravagância deformou a Igreja e o Evangelho que Jesus viveu e nos ensinou. E tudo isso veio à tona em razão do acúmulo de dinheiro e riqueza, dentro da própria Igreja. Justamente o que Jesus havia proibido.

---

17. Cf. HAUCK, F.; KASH, W. *Ploutoss. In*: KITTEL, G.; FRIEDRICH, G. (Ed.) *Theologisches Wörterbuch zum Neuen Testament*. Stuttgart: W. Kohlhammer, 1964, v. 6, p. 326.

18. BROWN, P. *Por el ojo de una aguja. Op. cit.*

19. CONGAR, Y. *L'Ecclésiologie du Haut Moyen-Age*. Paris: Cerf, 1968, p. 61-64.

7
Da riqueza às raízes do capitalismo

O fato é que, na Idade Média, por razões históricas, a Igreja acabou se transformando numa grande potência econômica. Werner Sombart nos informa que, segundo afirmava L. B. Alberti, "a ganância era um fenômeno geral entre a classe sacerdotal de seu tempo". De modo que, referindo-se ao Papa João XXII, disse: "Tinha defeitos e, sobretudo, como é sabido, o comum a quase todos os clérigos: era ganancioso em grau máximo, tanto que tudo o que havia ao seu redor se lhe parecia negociável"[20], ou seja, "vendável", ou subornável com dádivas. Em última análise, ambição e riqueza eram o seu forte.

Nesse contexto, não é de se estranhar que anos mais tarde os teólogos Antonino de Florença e Bernardo de Siena argumentassem e justificassem a fórmula básica e determinante daquilo que mais tarde acabou sendo o capitalismo: "Proíbe-se o empréstimo a juros, sob qualquer uma de suas formas; permite-se, em contrapartida, o benefício do capital em todas as suas formas"[21]. Nasceu o capitalismo, engendrado por uma teologia da religião defendida pela Igreja da Idade Média tardia, séculos antes que Karl Marx difundisse suas ideias sobre o capital: "A atividade empresarial decidida e enérgica agrada a Deus, já os nobres prodígios, a fina flor indolente e os agiotas ociosos, pelo contrário, lhe causam repugnância"[22].

---

20. SOMBART, W. *El Burgués* – Contribución a la historia espiritual del hombre económico moderno. Madri: Alianza, 1977, p. 38.

21. ANTONINO, T. S. mor. II, 1, 5, 37. Cf. SOMBART, *W. El burgués. Op. cit.*, p. 257-258.

22. SOMBART, W. Op. cit., p. 260.

Nascera e estava a caminho o capitalismo. Com tanta energia e tanta força que, séculos mais tarde, em 1920, Walter Benjamin nos deixaria uma sentença lapidar: "O cristianismo, no tempo da Reforma, não propiciou a ascensão do capitalismo, mas transformou-se em capitalismo"[23].

Desde então, como o reconhece o próprio Benjamin, "o capitalismo é, presumivelmente, o primeiro caso de um culto que não é expiatório, mas culpabilizante"[24]. Mas ele é mais forte do que todas as culpas, já que neste mundo não é mais o dinheiro que manda, mas a riqueza. E manda não somente na economia política e bancária, mas também nas cúrias diocesanas, nos palácios episcopais, nas catedrais; também no "sagrado" o dinheiro manda, e também, sempre que possível, a riqueza. Será que as catedrais, os palácios episcopais, um bom número de conventos e majestosos mosteiros não seriam, em si mesmos, manifestações ostensivas de "riqueza"?

Isso nos leva diretamente a outra questão que – a meu ver – é mais preocupante: uma religião que se fundiu com o capital e com a riqueza poderia fundir-se também com o Evangelho? A partir desse tipo de religião, seria o Evangelho crível? Às vezes as pessoas que semanalmente acorrem aos templos saem do ato religioso com o Evangelho ouvido e explicado, mas em geral continuam vivendo como sempre viveram. Além disso, há – sobretudo nas últimas décadas – um desinteresse em não poucos fiéis pelo Evangelho e pela missa. Assim os templos vão se esvaziando. Se de fato acreditamos no Evangelho, não seria necessário um remédio urgente para esse crescente declínio? Mas qual remédio? Fazer melhor o que já estamos fazendo mal?

---

23. BENJAMIN, W. Capitalismo como religión. *In*: *Tesis sobre el concepto de Historia y otros ensayos*... Madri: Alianza, 2021, p. 89.

24. *Ibid.*, p. 86.

8

Evangelho e economia

Se queremos remediar de verdade o crescente desinteresse pelo Evangelho e pela religião, uma das soluções é levar a sério o problema da economia. No Evangelho, quando se trata desse tema, duas palavras são predominantes: *dinheiro* (*chrèma*) e *riqueza*, expressas com os termos *mamónas, ousía* e *ploûsios* (o rico). O Evangelho se preocupa mais com a riqueza do que com o dinheiro.

Quanto ao dinheiro, eloquente é a proibição que Jesus impôs a seus apóstolos quando os enviou a evangelizar: "Não leveis nem ouro, nem prata, nem moedas de cobre" (Mt 10,9; Mc 6,8; Lc 9,3). Mais adiante explicarei a razão de fundo dessa exigência de Jesus para anunciar o Evangelho. É um tema forte, que toca o centro e o eixo do que significa a Boa-nova que Jesus trouxe ao mundo.

Por outro lado, no tocante ao dinheiro, fala por si o breve relato das doações feitas ao templo e o critério de Jesus sobre o tema. Os ricos depositavam enormes somas de dinheiro na Sala do Tesouro, ao passo que uma pobre viúva colocou apenas alguns centavos (Mc 12,42; Lc 21,1). O critério de Jesus diante desse fato é inquietante: "Esta pobre viúva, vos garanto, depositou no Tesouro mais do que todos. Porque todos deram do que sobrava; esta, em contrapartida, deu tudo o que tinha" (Mc 12,41-44; Lc 21,3-4). Os critérios do Evangelho sobre o dinheiro não têm nada a ver com os nossos. Para Jesus, na verdade, o que importa em relação ao dinheiro não é a quantidade, mas a generosidade. Nisso se percebe quem acredita em Jesus e em seu Evangelho.

Mas, obviamente, mais determinante do que o dinheiro é a riqueza, que é a acumulação de dinheiro. Já o disse e o repito: para o Evangelho, o mais preocupante é a riqueza, não o dinheiro. O dinheiro é necessário como meio de intercâmbio dos bens. A riqueza é a acumulação do dinheiro que desencadeia a desigualdade social. Um fenômeno tão frequente e perigoso, que – ainda que nos pareça outra coisa – é a origem de todas as violências. Sobretudo porque o "direito de propriedade, diferente de outros direitos da pessoa e do cidadão, que são indispensáveis e inalienáveis, é por natureza disponível, isto é, alienável, negociável, transmissível"[25].

Não sou filósofo do direito, como o é o Professor Ferrajoli, que reconhece que "diferença" e "desigualdade" não são a mesma coisa. A diferença é produto da natureza, a desigualdade é produto da decisão humana. Homens e mulheres são diferentes por natureza, mas iguais em direitos. Partindo desse pressuposto, não entendo a razão pela qual o mesmo autor afirme que "a propriedade é por natureza disponível, isto é, alienável, negociável, transmissível"[26]. Ou seja, se Ferrajoli (e os que pensam como ele) tem razão, o capitalismo e as desigualdades que ele produz são um direito que concentra o capital mundial em um reduzido número de pessoas (e países) muito poderosos, ao passo que mais de 90% da popula-

---

25. FERRAJOLI, L. *Derechos y garantias*. Madri: Trotta, 2001, p. 101-102.

26. *Ibid.*, p. 102.

ção mundial têm que resignar-se à miséria, ao sofrimento e à morte que os ameaça e os aguarda.

De qualquer forma, por mais que a propriedade seja por natureza disponível, alienável, negociável e transmissível (segundo Ferrajoli), a propriedade dos bens indispensáveis para viver é chave para manter a vida ou, ao inverso, para levar à morte milhões de seres humanos. Posto dessa maneira o problema, ninguém pode invocar direitos que desencadeiem desigualdades que levem ao sofrimento e à morte. Antes dos alegados direitos invocados pelos pensadores está a vida negada a milhões de seres humanos.

Por isso compreende-se o que diz o Evangelho sobre a riqueza, que envolve e desencadeia um problema tão preocupante. O Evangelho explica as consequências da riqueza a partir de três conceitos expressos mediante três palavras: "*Mammón*" (procedente da *injustiça*), "*ploûsios*" (*rico*), "*ousía*" (*riqueza*). Os que mais utilizam essa terminologia são Mateus e Lucas, o que indica que ela procede da fonte *Q*, cuja origem é anterior aos referidos evangelhos. Torna-se evidente que o problema da riqueza foi uma das principais preocupações que os primeiros adeptos de Jesus tiveram.

Segundo o Evangelho de Mateus, Jesus já se referiu ao problema no Sermão da Montanha com a expressão categórica: "Não podeis servir a Deus e a Mammón" (Mt 6,24; Lc 16,13). Quer dizer que não se pode estar ao serviço de Deus e ao serviço das exigências que impõe o "deus da riqueza" e o "deus da injustiça"[27]. É isso que significa a denominação Deus

---

27. BOVON, F. *El Evangelio según san Lucas*. Sígueme: Salamanca, 2004, p. 106.

"*Mammón*"[28]. A riqueza de alguns poucos à custa da pobreza, do sofrimento e da morte de milhões de criaturas é um comportamento que Jesus rechaça radicalmente. Pois quem presta culto ao "*deus Mammón*" não é simplesmente aquele que tem dinheiro para viver, mas aquele que acumula dinheiro até convertê-lo em riqueza.

A riqueza ("*ploûsios*") (Mc 10,25; 10,23) impossibilita seu possuidor de entrar no Reino de Deus, pois ela o engana e o incapacita de entender o que Deus fala (Mc 4,19)[29]. A mesma abordagem se encontra no Evangelho de Mateus (19,21-24), mas, sem sombra de dúvida, é o Evangelho de Lucas que expõe de maneira mais categórica a convicção dura e firme contra os ricos[30]. O rico agricultor não se dá conta de que o mais importante é ser rico diante de Deus (Lc 16,14-31). Como é difícil, para o rico, ter acesso ao Reino de Deus (Lc 18,24-25). Por isso, os adversários mais ferrenhos de Jesus geralmente são pessoas ricas (Lc 16,14-15; 11,37-53). É esse tipo de conduta que Lucas busca responder nas parábolas do rico avarento e Lázaro (Lc 16,14-31), na parábola do grande banquete do Reino (Lc 14,15-23; Mt 22,1-10), ou do filho pródigo (Lc 15,11-32). Sem esquecer – antes de Jesus entrar em Jerusalém para sofrer a paixão e a morte – o exemplo de Zaqueu, que havia roubado fortunas cobrando impostos, mas devolveu o que roubou às suas vítimas (Lc 19,1-10). Em outros relatos exige-se a entrega total dos bens em favor dos pobres (Lc 18,22; 12,33).

---

28. DEGENHARDT, H. J. *Lukas Evangelist der Armen*. Stuttgart: Katholisches Bibelwerk, 1965, p. 120-123.

29. Cf. HAUCK, F.; KASCH, W. *In: TWNT* VI, p. 316-330.

30. MERKLEIN, H. *In:* BALZ, H.; SCHNEIDER, G. *Diccionario exegético del Nuevo Testamento. Op. cit.*, p. 1.017.

Por fim, no próprio Evangelho de Lucas (15,12-13), na parábola do filho pródigo, o relato emprega o termo *"ousía"* (riqueza), que indica a fortuna que o pai deu generosamente ao filho mais novo. Fortuna que o levou à ruína total, impedindo-o inclusive de comer a comida que seu patrão destinava aos porcos[31].

A conclusão é tão clara e evidente quanto dura e exigente: a maior desgraça que os seres humanos têm que suportar é a ambição desordenada. Foi ela que transformou o dinheiro em riqueza. Daí a concentração mundial do capital, cada ano maior e em mãos de um reduzido número de pessoas obcecadas pela riqueza.

De fato, os últimos e mais documentados estudos sobre a desigualdade econômica deixaram claro que:

> A metade da população detém uma parte insignificante do patrimônio total. O forte aumento da riqueza privada em mãos dos 10% mais ricos da população, especialmente nos Estados Unidos, implica que a parte correspondente ao resto da população despencou de maneira gradual e preocupante[32].

Com um agravante sublinhado pelo próprio Piketty: *a sacralização dos multimilionários.*

Estamos mesmo diante de um discurso de exaltação de empresários e multimilionários. Obviamente não sou economista nem estudei ciências políticas e econômicas. Porém, não sou cego para não ver o que a ideologia sem limites representa e implica. Há cidadãos que "parecem considerar que Bill Gates, Jeff Bezos e Mark Zuckerberg inventaram os computadores, os

---

31. Cf. SCHOTROFF, L. *In: ZThK* 68 (1971), 27-52.

32. PIKETTY, T. *Capital e Ideología.* Barcelona: Planeta, 2019, p. 822. Cf. PIKETTY, T. *Una breve historia de la igualdad.* Barcelona: Papf, 2021.

livros e os amigos, respectivamente. Dá a impressão de que nunca serão suficientemente ricos e de que a pessoa humilde do planeta nunca poderá suficientemente agradecer-lhes pelo que fizeram pelos outros"[33]. Na verdade, a origem da desigualdade econômica não está na luta de classes, como defenderam Marx e Engels, mas na luta de ideologias.

---

33. *Ibid. Capital e Ideología*, p. 852-853.

9

Quando a riqueza nos engana

O que foi dito até agora nos permite refletir sobre uma questão determinante: a riqueza nos engana e, quando justificada por motivos relacionados à religião, nos engana mais profundamente, e com consequências mais graves, pois nos faz ver o dinheiro e a riqueza como meios necessários à prática do apostolado. E assim o "rico apostólico" justifica sua riqueza mediante uma convicção na qual está o engano, dado que nos faz ver a riqueza, o prestígio e as "dignidades" deste mundo como instrumentos indispensáveis para que possamos ser eficazmente "apóstolos do Evangelho".

Dito mais claramente e de uma vez por todas: a riqueza engana a Igreja porque, quando a justifica e até se vê necessitada dela, o que realmente faz é afastar-se do Evangelho.

E, assim, baseando-se nesse critério, a Igreja se vê cercada por tantas catedrais, tantos palácios episcopais, tantos e tão impressionantes monumentos, tantos mosteiros, tantas obras de arte, tantas propriedades... sem falar do apego muitas vezes incondicionado à política e aos políticos que toleram, ajudam e favorecem o labor da Igreja, independente da preocupação evangélica que essa ajuda pressupõe.

Naturalmente, o que acabo de dizer não pode ser generalizado. Óbvio que sabemos a quantidade de boas e evangélicas obras realizadas pela Igreja, à custa de enorme abnegação, em prol dos mais necessitados. Estaria falseando a realidade se não ponderasse devidamente o labor exemplar da Igreja. Omitir essa exemplaridade seria falsear a realidade. Por isso, não devemos esquecer jamais o bem que ela faz.

Mas a honestidade exige ver a totalidade do que se faz e do que se vive em nossa Igreja. O que expus até aqui é perfeitamente compreensível se as pretensões da Igreja se resumem em manter, potencializar e dar esplendor à religião, com seus bispos e sacerdotes, seus conventos de religiosos e religiosas, suas universidades, seus colégios, suas obras de caridade e, sobretudo, suas solenidades cerimoniais. É evidente que para manter e fomentar tudo isso a Igreja necessita de dinheiro e lhe é até indispensável a riqueza; muito dinheiro e riquezas abundantes.

O exposto até aqui não oferece dúvidas, sobretudo se, como o sublinhei anteriormente, fundirmos Evangelho e religião, de forma que a leitura do Santo Evangelho acabe se reduzindo a um ato a mais do cerimonial litúrgico. Ato que os fiéis ouvem em pé, (com frequência) suportando uma homilia que o pregador oferece de forma mais ou menos acertada.

O problema só emerge se tudo isso for pensado em um nível mais profundo, ou seja, se levarmos em conta que a Igreja não pode fazê-lo sem se desentender com o Evangelho. Se a Igreja deseja, pois, viver e agir de acordo com o Evangelho, primeiro deve aceitar que tanto ela quanto o autêntico Evangelho têm um ponto de partida comum, que possivelmente surpreenda os que pretendem pertencer à verdadeira e autêntica Igreja: trata-se do tema do "seguimento de Jesus".

10
Acima de tudo, o seguimento de Jesus

Nos quatro evangelhos, o início e o fator determinante da relação dos primeiros discípulos com Jesus não foi a fé, mas o seguimento. O ato principal e decisivo de Jesus ao organizar o grupo de apóstolos não foi perguntar a cada um se acreditava nele. Isso não aparece em nenhum texto dos evangelhos. Basta saber que os três evangelhos sinóticos (Marcos, Mateus e Lucas) falam da "fé" 36 vezes, ao passo que o "seguimento" de Jesus é abordado em 57 ocasiões, considerando, além disso, que o elogio da fé que os sinóticos fazem se refere principalmente aos enfermos que Jesus curava[34]. Ou seja, o que o Evangelho nos informa sobre a fé pouco tem a ver com o *Tratado Dogmático "De Fide"*, que os teólogos medievais ou do Vaticano I elaboraram na Constituição dogmática *De Fide* (cf. cap. 3). Um não nega o outro; trata-se simplesmente de abordagens distintas.

Quando Jesus começou a chamar os que iam ser os fundadores e dirigentes das comunidades cristãs[35], o fundamental e decisivo foi o seguimento. Efetivamente, o que Jesus disse àqueles homens se reduz a uma palavra, a um mandato, a uma exigência: "Segue-me" (*akolouthe moi*) (Mt 8,22; 9,9; cf. 19,21;

---

34. ALFARO, J. Fides in terminología bíblica. *Gregorianum*, v. 42, n. 3, 1961, p. 476-477.

35. ESTRADA, J. A. *Para comprender cómo surgió la Iglesia.* Estella: Verbo Divino, 1999, p. 160-161.

Mc 2,14; cf. 10,21; Lc 5,27; 9,59; cf. 18,22; Jo 1,43; 21,19.22). E o mais impressionante é que, em face de uma única palavra, os que receberam o mandato deixaram tudo, abandonaram o que tinham, ficaram sem família, sem trabalho, sem casa, sem nada... e partiram com Jesus.

O que mais impressiona nesse fato – como bem o destacou Dietrich Bonhoeffer – é que o chamado foi simplesmente seguir a Jesus. Que conteúdo tinha aquele chamamento? Algo tão simples quanto radical: "Deixa tudo, vem comigo". "Isto é tudo" (*Das ist alles*). Ao fazer aquele chamado tão totalizante e radical, Jesus não propôs um programa de vida, nenhuma meta, destino ou finalidade, nenhum ideal, nenhum objetivo. Assim, na realidade, para o sujeito que é chamado, uma coisa tão fundamental como a segurança na vida reside e se enraíza na "comunidade de Jesus"[36].

Além disso, se imperiosa é a oferta e imperiosa também é a ordem de Jesus ("*segue-me*"), impressionante é igualmente a resposta dos que foram chamados: "Imediatamente (*eutheös*) deixaram o barco e seu pai". E assim, despojados de tudo, "seguiram a Jesus" (Mt 4,22 par.).

Esta exigência – o despojamento total – não admitia exceções nem casos de especial gravidade. Jesus não tinha nem onde recostar a cabeça (Mt 8,20 par.). O mais radical e exigente, porém, é o que o próprio Jesus disse a um escriba que pretendia "segui-lo": "Não podia possuir nem o que possuem as raposas ou os pássaros, nem podia permitir-se antepor o enterro de seu próprio pai, nem primeiro despedir-se de sua família" (cf. Mt 8,18-22; Lc 9,57-62). Sem esquecer, além disso,

---

36. BONHOEFFER, B. *Nachfolge*. Munique: Kaiser Verlag, 1982, p. 28-29.

que, por influência dos fariseus, "o último serviço aos mortos se tinha elevado ao topo de todas as boas obras"[37]. O despojamento total era o ponto de partida para poder começar a pôr em prática o seguimento de Jesus. Em seguida exporei o que, essencialmente, isso significa.

Antes de qualquer outra consideração, no entanto, é necessário ter presente o episódio do "jovem rico", relatado nos três sinóticos (Mc 10,17-31; Mt 19,16-29; Lc 18,18-30). A chave desse relato está no comentário de Jesus quando o jovem rico, observante e cumpridor de todas as exigências da Lei divina (sem dúvida era um homem profundamente "religioso"), após ouvir da boca de Jesus "se queres ser perfeito, vai, vende o que possuis, dá-o aos pobres [...], depois, vem e segue-me" (Mt 19,21 par.), recusa a proposta. Foi justamente a riqueza que o impediu de fazer o que Jesus propusera. Jesus interpretou imediatamente o fato: "Eu vos asseguro [...], é mais fácil um camelo passar pelo buraco de uma agulha do que um rico entrar no Reino de Deus" (Mt 19,23-24 par.).

A significação do comentário de Jesus foi resumida por um dos melhores e mais recentes comentários do Evangelho de Mateus, o de Ulrich Luz: "O pensamento básico é que existe um *antagonismo radical entre os bens terrenos e o Reino de Deus.* O dito de Jesus sobre o camelo e o buraco da agulha vale [...] em toda a sua crueza: a contraposição é proverbial[38] e nomeia o animal maior e o orifício menor"[39].

---

37. HENGEL, M. *Seguimiento y carisma.* Santander: Sal Terrae, 1981, p. 20-21.

38. BILLERBECK, *Kommentar zum Neuen Testament aus Talmud und Midrasch,* v. 1, 828.

39. LUZ, U. *El Evangelio según san Mateo. Op. cit.,* p. 175.

Deve-se dizê-lo com toda a clareza, sem rodeios, com toda a força: *o Evangelho e a riqueza são incompatíveis*. A partir dessa imperiosa afirmação evangélica é que deve ser entendido e vivido o seguimento de Jesus. Sem esquecer que, segundo o Evangelho, o seguimento é mais importante e decisivo do que a fé. Vale lembrar também que a fé é basicamente uma crença mental, ao passo que o seguimento é uma forma de vida na qual depositamos a nossa segurança.

11
Evangelho e forma de vida

Com a afirmação genérica feita no fim da reflexão precedente não esgotamos a significação. A afirmação central do Evangelho, no tocante à nossa forma de vida, Jesus a formulou quando anunciou, pela primeira vez, o fim trágico que o esperava em Jerusalém: "Sofrer muito... ser rejeitado" (Mt 16,21 par.). Ou seja, Jesus afirmou sem rodeios que o fim de sua vida ia ser o fracasso de um condenado como malfeitor. E foi justamente naquele momento que Ele fez a afirmação central da vida cristã: "Se alguém quiser seguir-me, tome sua cruz e me siga" (Mt 16,24 par.).

Aqui é decisivo ter muito claro o que lucidamente deixou escrito o já citado Ulrich Luz: "A negação de si mesmo [...] não significa suicídio, pois o suicídio também pode ser obra da própria vontade humana. Negar-se a si mesmo significa não mais conhecer apenas a si mesmo, mas sobretudo conhecer a Cristo, fixar-se naquele que vai à nossa frente". Pura e simplesmente "uma forma de vida alternativa, não orientada para o eu, somente possível pela adesão a Jesus"[40].

---

40. *Ibid.*, p. 644. Cf. LUZ, U. Selbstverwirklichung? Nachdenkliche Überlelungen eines Neutestamentlers, *In:* BOOR, F. de (org.). *Selbstverwirklichung als theologisches und anthropologisches Problem.* Saale: Martin-Luther-Universität Halle-Wittenberg, 1988, p. 132-152.

Se a vida daquele que segue a Jesus não pode estar centrada em seu eu, nos interesses e nas seduções de quem pretende ser cristão, não há outro remédio senão centrar a própria vida e a própria segurança não em si mesmo, mas nos outros, sobretudo nos que mais sofrem.

Em última instância, o Evangelho expressa basicamente, na negação a si mesmo, um "não ao afã de possessividade". "Isso se ajusta ao posto central que ocupa neste tema a advertência sobre a riqueza"[41].

Pois bem, chegados a essa conclusão, urge dar mais um passo. Um passo decisivo. Já sublinhei que, se nos ativermos ao que nos dizem os evangelhos sinóticos sobre a fé e o seguimento de Jesus, imediatamente perceberemos uma diferença notável entre a fé (36 menções) e o seguimento (57). Vale considerar, além disso, que quando os sinóticos mencionam a fé quase sempre se referem à fé dos enfermos que eram curados por Jesus[42], e que, em outros casos, Jesus elogia a fé de pessoas que pertenciam a outras religiões: o centurião romano (Mt 8,5-13 par.), a mulher siro-fenícia (Mt 15,21-28) ou o samaritano leproso (Lc 17,11-19).

O Evangelho elogia, portanto, uma fé que não se limita à crença em verdades e doutrinas reveladas. A fé é, sobretudo, uma confiança e até mesmo uma identificação (na medida do possível) com a bondade e a generosidade de Jesus.

A fé, por conseguinte, tem seu eixo e seu centro na forma de vida que leva aquele que se considera crente. Mas a fé não é tudo, pois seu eixo determinante é o seguimento de Jesus.

---

41. LUZ, U. *El Evangelio según san Mateo. Op. cit.*, p. 645.

42. ALFARO, J. Fides in terminología bíblica. *Op. cit.*, p. 476-477.

12
Evangelho e seguimento de Jesus

Não é possível entender e viver o Evangelho se não colocarmos no centro de nossos desejos e aspirações à vida cristã o "seguimento de Jesus". Isso acima de tudo e como ponto de partida.

Na Igreja, exige-se do cristão, antes e sobretudo, o rigor e a fidelidade às crenças, a aceitação integral dos dogmas que o Magistério da Igreja propõe, impõe e obriga.

Por isso não é de se estranhar que, no governo da Igreja, uma das instituições de máxima importância seja o antigo Santo Ofício, a Sagrada Congregação para a Doutrina da Fé. E ninguém estranha que no Vaticano não haja uma Sagrada Congregação para propor, exigir e controlar o seguimento de Jesus. É que, no fundo, a Igreja se institucionalizou de modo que a maior importância recai sobre a submissão dos cristãos à doutrina e ao ensino do Magistério Eclesiástico, bem como o cumprimento exato das normas e dos rituais que a liturgia própria dos sacramentos estabelece e cujo cumprimento ela exige. Tudo isto é o específico e aquilo que caracteriza uma religião.

Ademais, o que acabo de dizer no parágrafo acima – verdade seja dita – é posto em prática mediante batismos, missas, bodas e, geralmente, em incontáveis cerimônias sagradas em templos e conventos, constituindo-se numa fonte inesgotável de entradas econômicas para a Igreja e para os membros que dela vivem.

Dito isso, no entanto, é difícil entender que na vida, na doutrina e nos ensinamentos da Igreja a fé pareça mais importante que o seguimento. Como já sublinhei, a Igreja vigia e controla o dogma e a liturgia. E o seguimento de Jesus? Muito simples: dogma e liturgia são elementos essenciais e indispensáveis à religião, ao passo que o seguimento de Jesus é – para teólogos, clérigos e para não poucos fiéis – um tema próprio da espiritualidade. E sabemos perfeitamente que esse é um tema privado, organizado e gerenciado segundo as preferências de cada um.

Seja como for, quando o Evangelho fala do seguimento de Jesus, trata-se naturalmente do despojamento total de riquezas, bens e seguranças. Por isso, enquanto a fé (no Evangelho) é a experiência daquele que "recebe" um bem *para si mesmo*, o seguimento é a generosidade daquele que "se despoja" de tudo o que tem em vista do bem dos outros, especialmente dos mais necessitados (Mc 10,21; Mt 19,21; Lc 18,22), dos fracos, dos pequenos, dos últimos. É uma inversão total da vida, de sua orientação, das aspirações, da segurança individual.

13

Fé em Jesus e seguimento de Jesus

No Evangelho de João, a fé tem uma presença tão frequente quanto desconcertante. De fato, esse evangelho não emprega o substantivo *pistis* ("fé"), mas o verbo "crer" (*pisteuö*). E o impressionante é que no Evangelho de João esse verbo se repete 98 vezes, com um significado no qual "conhecer e saber" são parte da estrutura da fé ou elementos estruturais do crer[43]; um crer que se orienta fundamentalmente para a revelação de Deus em Jesus.

Portanto, crer em Jesus é crer em Deus, pois Jesus e o Pai "são um" (Jo 10,30). Daí a razão pela qual Jesus chega a dizer aos dirigentes judeus: "Muito embora não acrediteis em mim, crede em minhas obras" (Jo 10,37-38). Com isso entendia dizer: *Minha conduta é a conduta de Deus*. Ou seja, a forma de vida levada por Jesus torna Deus presente no mundo[44]; viver como Jesus viveu é tornar Deus presente neste mundo. No fundo, é outra linguagem e outra forma de apresentar e explicar o "seguimento de Jesus": somente vivendo como Jesus viveu é possível conhecer a Deus e torná-lo presente em nossa sociedade e em nosso mundo.

---

43. BARTH, G. *In*: BALZ, H.; SCHNEIDER, G. *Diccionario exegético del Nuevo Testamento*. Salamanca: Sígueme, 1998, v. 2, p. 955-956.

44. ZUMSTEIN, J. *El Evangelio según Juan. Op. cit.*, p. 458.

Por consequência, para ser cristão exemplar e crer de verdade não basta a fé e a observância da religião com seus ritos e suas normas, por mais ortodoxa que nossa religiosidade possa ser. A fé, sem dúvida, é importante, assim como as normas, as leis, os cânones, a observância daquilo que ordenam nossos bispos, dizem os sacerdotes e ensinam os catecismos e livros similares. No entanto, se não levarmos a sério c não colocarmos em primeiro lugar o seguimento de Jesus, centrando nesse seguimento nossa segurança, seremos cristãos enganados – fato, infelizmente, muito frequente na Igreja atual.

Por que é possível dizer – e dever-se-ia dizê-lo – o que acabo de afirmar? Porque, para a Igreja, o principal e o mais determinante é o Evangelho. Entretanto, jamais saberemos o que ele é se não compreendermos e aceitarmos que esse Evangelho, do qual tanto falamos, não consiste em um conjunto de teorias ou doutrinas que devemos assumir como verdades aceitas por nossa inteligência, visando viver a ortodoxia, a reta doutrina à qual submetemos o nosso entendimento.

Tudo isso é necessário, mas não suficiente. O Evangelho é, acima de tudo, um conjunto de relatos que nos apresentam uma forma de vida, uma práxis. Ele é uma "teologia narrativa". Ou seja, o característico do Evangelho não é uma série de teorias ou doutrinas às quais o fiel submete sua inteligência. Insisto, não é isso! O seguimento de Jesus não é uma teoria ou uma doutrina, por mais ortodoxa que seja, ou por mais submissamente que nosso saber e entender a aceite. O centro do Evangelho não passa por essa via.

Por isso o grande teólogo Johann Baptist Metz disse: "Não há nenhuma distinção precisa entre narração e mandato, segundo a qual o ouvinte possa primeiro ouvir as histórias de Jesus e em seguida refletir sobre as consequências que poderia ou não tirar para si mesmo"[45]. E acrescenta: "O saber cristológico não se constitui nem se transmite primariamente no conceito, mas nesses relatos de seguimento"[46]. A teologia cristã – diferentemente de qualquer outro saber – não é aprendida nos livros, nas aulas magistrais, nem nos ensinamentos teóricos, por mais eruditos que sejam. Não mesmo! A teologia que os discípulos de Jesus aprenderam e transmitiram às futuras gerações – nas quais nos incluímos – não foi uma teologia absorvida em sala de aula, compartilhada por doutores. A teologia que o Evangelho nos transmite e que é a teologia a partir da qual podemos ser cristãos é a que os apóstolos aprenderam "no seguimento de Jesus". Ou seja, vivendo *com* Ele e *como* Ele.

---

45. METZ, J. B. *La fe entre la historia y la sociedad*. Madri: Cristiandad, 1979, p. 67.

46. *Ibid.*, p. 67.

14

Existe uma Igreja que engana?

Tudo o que não corresponde ao que acabei de dizer anteriormente é "enganar-se" e "enganar"; é viver enganado e continuar a vida enganando os que aceitam as nossas teorias. E se das teorias passamos à prática, o que mais o governo da Igreja exige e vigia é a ortodoxia, a reta doutrina. Para tanto existe o Santo Ofício, ou a Sagrada Congregação para a Doutrina da Fé, como já foi mencionado. Por essa razão a Igreja queimou vivos os hereges, ou desligou os desobedientes ou os assim considerados.

Isso pressuposto, minha pergunta é: Será que o seguimento de Jesus foi vigiado na Igreja com o mesmo interesse e esmero com que se vigiou a ortodoxia? Sem dúvida alguma, não; tampouco foi dada a devida atenção que o tema do seguimento exige e merece. Como já sublinhei, o seguimento foi interpretado como um tema de interesse espiritual, matéria para dias de retiro em conventos, em casas de Exercícios Espirituais ou em comunidades religiosas de monges e monjas, bem como em outros ambientes cristãos relativamente "seletos".

De fato, se nos ativermos ao que o Evangelho nos ensina, logo nos damos conta de que a relação dos discípulos com Jesus não começou a ser dinamizada e vivida pela fé, mas pelo seguimento. Na realidade, quando, nos evangelhos, Jesus chama alguém para segui-lo, Ele, como já aventado, nunca pergunta previamente: "Acreditas em mim?" Jesus simplesmente vai ao essencial: "Segue-me" (*akolouthei moi*) (Mt 9,9; cf. Mc

2,14-17; Lc 5,27-32). O tema capital do seguimento de Jesus é que orienta, por exemplo, os discípulos de João Batista (Jo 1,37.43). Nos sinóticos, o ponto de partida do discipulado cristão e, portanto, o início da resposta ao chamado de Jesus é sempre o seguimento (Mc 1,16-21; Mt 4,18-22; Lc 5,1-11).

Nesse particular, aliás, o que vale para a reta doutrina vale da mesma forma para a correta liturgia. Por isso, se foi instituído o Santo Ofício para manter intacta a reta doutrina em vista de legislar, vigiar e exigir o devido culto religioso, a Igreja também instituiu no Vaticano a Sagrada Congregação para a liturgia. Um dicastério incapaz de controlar o que pretende exigir.

Explico-me: na liturgia, os ritos são determinantes e, por essa mesma razão, os rituais também o são. Ora, "os ritos são ações que, devido ao rigor na observância das normas, se constituem em um fim em si"[47]. Fato que leva a um inevitável risco: que as pessoas religiosas tranquilizem suas consciências, libertem-se do sentimento de culpa e dos perigos de uma experiência de caos, cumprindo fielmente o que o rito exige.

A religião age então como um sedativo da consciência, um ato tranquilizador do sentimento de culpa para pessoas que, normalmente e em contraste com seus ritos e rituais, são muito fiéis e corretas no "sagrado", mas causadoras de frequentes sofrimentos em âmbito "profano", em aspectos fundamentais tanto da vida pessoal quanto da sociedade e da convivência, sobretudo em questões tão importantes e decisivas como a economia, as relações familiares, a política, a profissão e até mesmo a intimidade da vida pessoal.

Há, sem dúvida, "uma Igreja que engana". Não que ela atue com essa intenção, mas educa e confia em pessoas "crentes" e

---

47. THEISSEN, G. *La religión de los primeros cristianos*. Salamanca: Sígueme, 2002, p. 151-152.

"observantes" que, na realidade, vivem distantes – quiçá demasiado distantes – do mais elementar e decisivo que Jesus nos ensinou com seu modo de viver. São pessoas sobrecarregadas de religião, mas afastadas do Evangelho.

É evidente que na vida e na teologia da Igreja o seguimento de Jesus foi marginalizado. Por isso existem tantos cristãos que não fazem ideia do que é e tampouco conseguem medir a importância do seguimento de Jesus. Além disso, não me parece um despropósito afirmar que, na Igreja, ignora-se e até se teme colocar o centro da vida no seguimento de Jesus.

É mais fácil colocar a centralidade da vida cristã na fé e na liturgia (ortodoxia, rituais e orações), e não no seguimento de Jesus, sobretudo para aquela parcela específica do clero que busca impor a doutrina, dominar as consciências, submeter o pensamento e controlar a vida dos fiéis. Por outro lado, também é certo que a insistência na participação da liturgia e no cumprimento fiel dos sacramentos é uma forma de apaziguar a consciência dos fiéis, mas, ao mesmo tempo, essa lógica pode igualmente servir a uma "apetência de sacristia" do próprio clero, ou seja, o interesse em fazer da ministração dos sacramentos ou dos sacramentais uma forma de alimentar apetências financeiras ou interesses outros.

O contraste de toda essa fabulosa ou refinada programação (eclesiástica) não foi algo pensado a partir do egoísmo, da ambição ou da maldade. A explicação para toda essa desordem eclesial tem raízes mais profundas, que mais adiante explicarei. Por enquanto limito-me a repetir, mais uma vez, que o problema reside no fato de termos deslocado o centro do Evangelho do seguimento de Jesus para a ortodoxia da fé e para a submissão ao culto e à liturgia.

15

O "seguimento" e a cruz

Nós cristãos refletimos muito pouco sobre o fato de que, quando Jesus começou a anunciar aos seus discípulos o fim cruel e humilhante que os esperava em Jerusalém (Mc 8,34; Mt 16,21; Lc 9,22; cf. Jo 12,26), sua afirmação central foi: "Se alguém quiser vir em meu seguimento, renuncie a si mesmo, tome a sua cruz e siga-me".

Isso nos quer dizer, sobretudo, que para seguir a Jesus a primeira coisa que alguém deve fazer é "carregar a sua cruz" (Mc 8,34; Mt 16,24; Lc 9,23). Obviamente isso não significa nem representa um autocastigo ou uma privação de tudo o que é agradável e que proporcione felicidade. O seguimento de Jesus não pode consistir numa forma de masoquismo que nos proíbe e nos priva de qualquer experiência que possa nos tornar felizes. Se assim fosse, qualquer ser humano em perfeitas condições de juízo mandaria o Evangelho às favas.

Jesus não pode nos exigir uma vida indesejável, que, em última análise, terminaria em ressentimento e em desequilíbrio para a nossa condição humana. O Evangelho não deve ser vivido na extravagância, tampouco os seguidores de Jesus devem ser pessoas amarguradas. A prova mais eloquente da rejeição de qualquer amargura está no primeiro milagre de Jesus, relatado no Evangelho de João: a conversão da água em vinho, nas Bodas de Caná (Jo 2,1-12).

Se o projeto de Jesus era a humanização e a felicidade do ser humano, como explicar a afirmação de que cada qual deve "carregar a sua cruz", que, por outro lado, é o sinal de morte mais cruel que se possa imaginar?

Foi-nos dito que o seguimento de Jesus exige abandonar tudo o que nos amarra à vida. E acima de tudo o que mais nos amarra: os vínculos a determinadas pessoas, mesmo que sejam nossos familiares, e principalmente as amarras do dinheiro, em especial a riqueza. Mas por que desvincular-nos de tudo o que mais nos atrai e amarra à vida?

Eis a resposta mais clara e compreensível: somente desvinculando-nos de tudo o que nos aprisiona e condiciona nossa segurança, nossa vida, podemos ser livres. O grande problema da vida é ter a liberdade de estar sempre disponível para fazer o bem a quem mais precisa de nossa ajuda. E também porque são muitos – milhões – os necessitados.

Qual a razão dessa afirmação? Que conexão existe entre a liberdade cristã e o seguimento de Jesus? Eis a grande pergunta que a Igreja precisa responder – e também a questão básica na qual a teologia precisa se concentrar.

Já dissemos que a primeira coisa que Jesus disse aos seus discípulos foi apenas e tão somente "Segue-me". Esse conciso imperativo, que era e é totalizante, repete-se 11 vezes nos evangelhos (Mt 8,22; 9,9; 19,21; Mc 2,14; 10,21; Lc 6,27; 9,59; 18,22; Jo 1,43; 21,19.22). A esse mandato – enigmático e sem explicações – devemos acrescentar a interpelação que, mais uma vez, o próprio Jesus fez às pessoas em geral: "Se alguém quiser vir em meu seguimento, renuncie a si mesmo, tome a sua cruz e siga-me" (Mt 16,24; Mc 8,34; Lc 9,23).

A resposta ao chamado de seguimento dos apóstolos foi deixar imediatamente tudo o que tinham, assumir uma mudança radical de vida e partir com Jesus. O determinante foi (e é) a necessidade insubstituível de abandonar tudo o que cada um tinha ou tem. Assim, o seguimento de Jesus não é compatível com nenhuma limitação ou condicionante, caso se aceite o Evangelho e suas exigências: despojar-se até daquilo que as raposas têm em suas tocas e os pássaros em seus ninhos, ter o dever e o consolo de acompanhar o esquife do próprio pai ou simplesmente despedir-se da família (Mt 8,18-22; Lc 9,57-62). Não seria extravagante e destituída de sentido essa série de exigências?

Obviamente, se essas exigências de Jesus forem tomadas ao pé da letra, a conclusão seria de que o Evangelho é impraticável, e isso pela simples razão de exigir tanto, que seria impossível pô-lo em prática. Como entender e praticar então o seguimento de Jesus, segundo as renúncias e exigências que o próprio Jesus impõe?

A resposta está em uma única palavra: "liberdade". Ou seja, não viver preso a nada nem a ninguém nesta vida. Como seria possível viver e praticar essa exigência, tão clara quanto assustadora?

No Evangelho de João existe uma formulação simbólica, que aporta um critério e um caminho de solução. De fato, segundo o quarto evangelho, Jesus diz a Nicodemos: "Necessário vos é nascer de novo… O vento sopra onde quer, e tu ouves a sua voz, mas não sabes nem de onde vem, nem para onde vai. Assim acontece com todo aquele que nasceu do Espírito" (Jo 3,7-8). Evidentemente, aquele que "nasce de novo" é "outra pessoa". Em que pode consistir uma mudança tão radical e totalizante? Jesus o explicou a Nicodemos: "O vento sopra onde quer, e tu ouves a sua voz, mas não sabes nem de onde vem, nem para onde vai. Assim acontece com todo aquele que nasceu do Espírito" (Jo 3,8). Pois bem, se existe algo neste mundo que nada nem ninguém pode controlar, é o vento[48]. Essa é a imagem simbólica que expressa, com clareza e evidência, que o seguimento de Jesus e a liberdade são duas realidades, duas experiências inseparáveis.

De fato, só pode seguir a Jesus quem "nasce de novo", justamente por ser uma pessoa tão livre, que vive como vento; não está amarrada a nada nem a ninguém. Por isso, a pessoa que segue a Jesus é alguém insubornável e, com frequência, desconcertante. E para não poucas instituições (políticas, sociais, religiosas, comerciais...) uma pessoa livre é uma pessoa perigosa.

Ora, bem sabemos que existem duas realidades que nos seduzem, nos amarram, chegam a nos acorrentar e a nos aviltar, por mais que sejam alcançadas à base de mentiras e autoenganos desavergonhados que, às vezes, podem ser até delituosos ou criminosos. Tais interesses são sempre motivados por dois agentes: o poder e a riqueza. Esses dois pilares são condicionamentos que tornam impossível o seguimento de Jesus.

É óbvio que na sociedade, e em qualquer agrupamento ou empresa, é necessário o dinheiro para viver; e também é preciso alguém que exerça a autoridade para governar e manter a devida ordem na convivência. Mas não basta afirmar isso. É indispensável explicar mais detalhadamente como a riqueza e o poder tornam impossível inteirar-se daquilo que ensina o Evangelho e a forma correta de vivê-lo.

---

48. DODD, C. H. *The Interpretation of the Fourth Gospel*. Cambridge: Cambridge University Press, 1954, p. 277-282.

16
A riqueza incapacita o seguimento

Aqui não falamos de dinheiro ou de autoridade. O problema está na ambição de riqueza e no esforço para gerenciar o comando, na importância de exercer o poder sobre os outros. Aquele que anda por este mundo querendo enriquecer-se e tornar-se um personagem importante não pode entender o Evangelho nem pode seguir a Jesus. Os textos do Evangelho são, nesse tema, tão claros quanto imperativos.

De fato, quanto à riqueza, os relatos do Evangelho são claros e eloquentes. O fato mais evidente é o do homem fiel e observante da Lei que perguntou a Jesus se, além de sua observância, faltava algo mais para alcançar a vida eterna (Mc 10,17; Mt 19,16; Lc 18,18). Era uma pessoa cumpridora da religião, mas percebia, em seu íntimo, que lhe faltava alguma coisa. E era algo importante. Por isso foi ter com Jesus. E a resposta de Jesus não admite dúvida: "Se queres ser perfeito, vai, vende o que possuis, dá-o aos pobres... depois, vem e segue-me" (Mc 10,21 par.).

O modelo de pessoa que Jesus quer vai além da observância da religião. O que Jesus disse àquele homem religioso e observante vai além da religião. A ideia central é que não basta a submissão às normas e aos ritos. Seguir a Jesus é quebrar nossas dependências do dinheiro, da riqueza e do poder. Quem não rompe com o dinheiro, com a riqueza e com o poder não pode seguir a Jesus. Aqui e nisto está o essencial de nossa relação com o Evangelho.

Ora, quem se sente acorrentado a essas dependências poderia até sentir-se uma pessoa satisfeita, mas trata-se de uma satisfação com um alto custo: a perda da liberdade. É um satisfeito acorrentado às suas contas, aos seus negócios e aos bancos, quiçá também às suas negociatas e, em nossos dias, em não poucos casos, acorrentado a paraísos fiscais dos quais possivelmente também depende. E não pensemos que tudo isso é assunto de capitalistas e negociantes de alto nível. Obviamente o é, mas não seria nenhuma surpresa se alguém denunciasse que instituições eclesiásticas "de peso" estivessem implicadas em questões econômicas e negócios "escusos".

Seja como for, muitos são os que vivem dependentes e submetidos aos critérios que a sociedade nos impõe. Vivemos numa sociedade que destruiu a igualdade, de forma que, como o disse recentemente Piketty, "enquanto as rendas das camadas privilegiadas da sociedade contemporânea permanecem fora do âmbito da investigação científica, será inútil abordar o estudo de uma história econômica e social válida"[49]. Vivemos em tamanho desequilíbrio social e econômico, que já nem é possível analisar a fundo a desigualdade angustiante e destrutiva em que somos obrigados a viver. A tal ponto que, quanto à riqueza e à pobreza, por mais superficial que a análise seja, logo salta aos olhos uma desigualdade cujos dados impressionam. E o pior é que suas raízes se originam num fato surpreendente e inimaginado (e que, além disso, está aumentando): refiro-me exatamente ao "processo a partir do qual surge a civilização".

---

49. PIKETTY, T. *Una breve historia de la igualdad.* Barcelona: Deusto, 2021, p. 13.

Efetivamente o que denominamos civilização surgiu do impulso das tecnologias. Mas esse fato, decisivo na história da humanidade, deu-se de tal forma que, à medida que a chamada civilização foi crescendo, também foi se tornando sempre mais insuportável, e com uma consequência fatal: a "evolução tecnológica" e a "evolução social" tiveram seu início e continuam crescendo em sentido diametralmente oposto: a evolução tecnológica como progresso, a evolução social como degradação. Os países mais industrializados alcançaram um alto nível tecnológico à custa do empobrecimento dos países menos desenvolvidos e dos cidadãos mais vulneráveis.

Foi então que emergiu o problema mais grave da humanidade: a desigualdade. Urge ter claro que *diferença* e *desigualdade* não são idênticas. A diferença é um *fato*; a igualdade, um *direito*[50]. A diferença procede da natureza, a igualdade em direitos (ou desigualdade) procede de decisões humanas, condicionadas pelo poder e pelas conveniências dos que mandam[51]. Vale a pena analisar mais a fundo o ponto de vista de Ferrajoli[52].

---

50. FERRAJOLI, L. *Derechos y garantias*. Madri: Trotta, 2001, p. 79.

51. KOSCHAKER, P. *Europa und das römische Recht*. Munique: C. H. Bek, 1958.

52. FERRAJOLI, L. *Op. cit.*, p. 121-123.

17
O bem próprio e o bem dos outros

Foi nas parábolas evangélicas que Jesus expôs de maneira mais firme e imperativa os extremos com que o Evangelho antepõe o bem próprio e o bem dos outros. Quem quiser seguir a Jesus terá que cumprir a seguinte convicção, que é determinante e definitiva: viver o Evangelho plenamente consciente de seu significado.

Vejamos o que, neste aspecto, nos dizem as parábolas evangélicas. Esses pequenos relatos apresentam breves episódios que nos explicam como é e deve ser a vida dos que decidiram seguir a Jesus. Tinha plena razão Franz Kafka ao deixar escrita a seguinte sentença: "Se praticardes as parábolas, vós vos converteríeis em parábola, e deste modo vos veríeis livres da fadiga diária"[53]. Dada a sua importância, explicarei o conteúdo central de três parábolas.

A primeira, visto que parece ser a mais eloquente, é a parábola do "bom samaritano" (Lc 10,29-37), que geralmente é interpretada como uma exortação de amor ao próximo. E, de fato, o é. Entretanto, quem se limita a isso certamente não entendeu seu conteúdo central e determinante, pois, para tanto, urge compreender que se trata de uma resposta de Jesus ao in-

---

53. KAFKA, F. *Die Erzählungen*. Frankfurt: Fischer Taschenbuch, 1951, p. 328.

terlocutor que pergunta: "Quem é meu próximo?" (Lc 10,29). Diante dessa pergunta, a resposta de Jesus é surpreendente, pois, para os profissionais da religião (o sacerdote e o levita da parábola), o próximo não é o ser humano concreto, mesmo que esteja agonizando (como aquela vítima de bandidos) à beira do caminho. O sacerdote e o levita, ao ver um homem jogado na margem da estrada, quiseram, acima de tudo, evitar qualquer impureza que, segundo a lei religiosa, se produzia se um clérigo do templo tocasse um cadáver (Lv 5,2-3; 21,1-3; Nm 5,2-6.8; 19,1-22; Ez 44,25-27)[54]. Por isso os profissionais da religião fizeram "vista grossa" diante do sofrimento humano. Para eles era mais importante a pureza religiosa do que o sofrimento de uma vítima humana. Exatamente o contrário da visão de *um samaritano*, que, segundo os judeus, era um herege. Por isso, o que a parábola do bom samaritano nos ensina é que nosso próximo, aquele que devemos atender primeiro, não é o que a religião nos propõe, mas o que Jesus e o Evangelho nos ordenam. Ou seja, o que vem em primeiro lugar na vida não é o submetimento à religião, mas remediar o sofrimento humano.

A segunda parábola a ser destacada é a do "rico epulão e o pobre Lázaro" (Lc 16,19-31). Notável é o interesse que tem suscitado essa parábola e, em consequência, a quantidade de estudos e explicações dedicados a ela[55]. Um dado capital, que a meu ver é central ao entendimento do que nos ensina o relato, é advertir que tudo (a vida, a morte e o destino definitivo

---

54. BOVON, F. *El Evangelio según san Lucas*. Salamanca: Sígueme, 2002, v. 2, p. 119.

55. Cf. BOVON, F. *Op. cit.*, p. 137-166.

depois da morte), absolutamente tudo, se explica a partir de dois personagens: um rico e um pobre chamado Lázaro. A parábola apresenta um dado que suscita interesse e atenção, mas ao qual muita gente não se atém. Refiro-me ao fato de que o rico não tem nome, nem é dito quem ele era, ao passo que do pobre temos mencionado o seu nome. Lázaro significa "Deus ajuda"[56]. Do rico só sabemos que "se vestia de púrpura e linho fino e que fazia diariamente brilhantes festins" (Lc 16,19). Ou seja, era um boa-vida! Do pobre, além do nome, o texto de Lucas diz que "jazia junto ao portal" da mansão do rico. E Lázaro estava lá, "coberto de úlceras, desejando saciar-se do que caía da mesa do rico; mas eram antes os cães que vinham lamber suas úlceras" (Lc 16,20). Em última análise, temos o desfrute gozoso do rico junto ao sofrimento humilhante do pobre. Esse relato, tão repugnante, não é apenas a história de dois homens; é o contraste brutal e odioso da riqueza convivendo com a pobreza. Em seguida vem o desenlace final da riqueza e da pobreza (Lc 16,22-31). Um desenlace que não pretende explicar como são o céu e o inferno, pois o que está para além da morte já é do âmbito da transcendência. E o que nos transcende não está ao nosso alcance nem o podemos conhecer. O que nos diz o Evangelho é que a "desigualdade cruel e criminosa" que existe neste mundo não tem solução "se não ouvem os profetas" (Lc 16,31), que, para os cristãos, se resume e se condensa "em seguir a Jesus e em viver o que nos diz o Evangelho". A riqueza seduz tanto que torna seu usufruidor insensível, por mais que à porta de sua casa veja constantemente um men-

---

56. ERNST, J. Lukas – Ein theologisches Portreit. Düsseldorf, 1958, p. 473-474; BOVON, F. *Op. cit.*, p. 154.

digo desamparado. Isso é o que de mais grave e preocupante a riqueza pode produzir. Tanto que o recente ensaio de Thomas Piketty, *Breve historia de la igualdad* [Breve história da igualdade], acaba reconhecendo que os mais recentes estudos sobre o tema deram lugar "à publicação de informes e obras coletivas, bem como ao desenvolvimento da base dos dados sobre a desigualdade". Ou seja, que um estudo sério e profundo sobre a igualdade acaba reconhecendo que o que temos diante dos olhos é a mesma desigualdade de sempre: os ricos dominando os pobres.

A terceira parábola que os evangelhos apresentam sobre o tema da riqueza é o ensinamento do "Banquete do Reino" (Mt 22,1-14; Lc 14,15-24). O tema central dessa parábola, como das duas anteriores, concentra-se na maneira como Jesus julga o problema da riqueza. As duas redações (Mateus e Lucas) diferem em questões importantes, que aqui não vou explicar, já que não se trata, neste livro, de fazer exegese bíblica dos textos. O que pretendo destacar é a coincidência dos dois relatos no tema central dessas parábolas. Ora, na Antiguidade, como se sabe bem, a comida-banquete ("simpósio") era uma instituição social que marcava a importância dos convidados e os costumes que determinavam a vida e o nível social dos comensais. Nesse sentido, eloquentes são os livros sobre "O banquete", como os de Platão e Plutarco, que nos foram legados pela literatura da Antiguidade clássica[57]. Por isso – e dada a importância atribuída a um banquete para expressar uma mensagem social – compreende-se que Jesus o escolheu para expressar

---

57. Cf. SMITH, D. R. *Del Simposio a la Eucaristía*. Estella: Verbo Divino, 2009.

seu ensinamento sobre a riqueza e a pobreza (Mt 22,1-14; Lc 14,15-24). Os dois relatos da parábola diferem em questões importantes, mas secundárias, embora coincidam no tema central: é impossível compreender e viver o que representa e exige o Evangelho a partir da riqueza. Ou seja, no banquete do Reino de Deus a riqueza não entra, ao passo que a pobreza, representada nos mendigos mais desafortunados e andarilhos, é a que desfruta e representa a satisfação e a dignidade dos que entram no Reino. Uma advertência importante: geralmente quem organiza um banquete, seja por qual motivo for, convida os amigos. Desde os longínquos tempos de Platão convidava-se a um "simpósio" o círculo daqueles que se enquadravam na "*philía*" (amizade)[58]. No tema apresentado aqui, mais do que a amizade estamos às voltas com a religiosidade. Na parábola do banquete, os amigos do rei deixaram claro que não eram verdadeiramente seus amigos, pois estavam mais interessados em seus negócios e suas riquezas do que em participar da festa. Ora, se não aplicarmos a parábola à amizade, mas à religiosidade, é inevitável reconhecer que, com muita frequência, a religiosidade nos ilude, já que pretendemos justificar a riqueza lançando mão de nossa religiosidade, de nossas devoções, dos deveres e obrigações impostos pela religião a que pertencemos etc. E, dessa forma, caímos na armadilha tranquilizadora de nossas piedades, de nossas devoções e de nossa fidelidade à religião, e não exatamente ao Evangelho. Sem dúvida alguma, seguindo essa lógica "a experiência religiosa de todos nós já não é mais confiável"[59].

---

58. *Ibid.*, p. 101-102.

59. RUSTER, T. *El Dios falsificado*. Salamanca: Sígueme, 2011, p. 228.

18
O juízo final de Deus

Mas ainda resta um ensinamento de Jesus que seguramente é mais forte e eloquente do que tudo o que foi explicado até aqui sobre o tratamento da riqueza e da pobreza no Evangelho. Refiro-me ao juízo final e universal que Deus fará da humanidade (Mt 25,31-46). Seria esse texto de Mateus uma parábola ou uma descrição do juízo a que Deus submeteria todos os seres humanos? A resposta mais comum dos biblistas é que se trata de uma descrição do juízo final, pelo qual todos devemos passar[60].

Nesse texto do juízo final de Deus, o essencial é que ele nos diz em que consiste o "compêndio da doutrina e das exigências de todo o Evangelho"; incluída toda a ética cristã[61]. Mas em que se fundamentaria o referido "compêndio"?

Tudo se condensa em uma resposta: só é possível encontrar a Deus aliviando o sofrimento dos outros. Dito de outra forma: "A pessoa indigente é o lugar de Deus no mundo"[62]. O texto do Evangelho é tão eloquente quanto transparente: encontramos a Deus remediando o ser humano, sua sede e fome, acolhendo o forasteiro, ajudando o maltrapilho a vestir-se, acompanhando o enfermo, o preso… Ou seja, Deus está onde há pobreza, miséria, necessidade premente, solidão, desamparo, privação

---

60. LUZ, U. *El Evangelio según san Mateo. Op. cit.*, p. 662-663.

61. Cf. FRAHIER, L. J. *Le Jugement dernier* – Interpretations éthiques pour le bonheur de l'homme. Paris: Cerf, 1992.

62. LUZ, U. *El Evangelio según san Mateo. Op. cit.*, p. 668.

de liberdade. Como o disse acertadamente Gustavo Gutiérrez em sua obra *Teologia da libertação*: "O amor a Deus só pode ser expresso no amor ao próximo". E tanto mais intensamente quanto mais indigente for o próximo.

Mas a descrição do juízo não termina aqui. Se é importante saber onde está Deus e como encontrá-lo, mais importante ainda é saber onde e como não o encontramos: não o encontramos onde falta comida, água, nacionalidade desejada (com sua devida documentação), hospital e médico, onde há mais prisão do que liberdade. Se existem os que se veem obrigados a suportar tudo isso e sofrem sem qualquer esperança, existem também, por outro lado, os que têm tudo e acumulam cada dia mais, embora cientes de que mais da metade da humanidade carece do indispensável. É em semelhante situação de abundância e necessidades não supridas que Deus não se encontra (Mt 25,41-45).

Assim é Deus. E assim são seus critérios. Nós que vivemos em países ou setores da sociedade onde abunda a riqueza, por mais fé que imaginemos ter, vivemos num engano e numa mentira que não nos permite ver quem realmente é o Deus cristão, não obstante nossa religiosidade, nossas rezas e nossas devoções.

Daí por que, como dizíamos antes, "a experiência religiosa de todos nós já não é mais confiável"[63]. A religião e as práticas religiosas satisfatoriamente cumpridas nos tranquilizam a consciência, e essa paz interior nos faz crer que estamos cumprindo nossas obrigações para com Deus e para com tudo o que nos relaciona com Ele. Mas essa experiência pode ser falsa, e com frequência o é. Tudo o que significa bem-estar, vantagem própria e ganância pode nos enganar em nossa relação

---

63. RUSTER, T. *Op. cit.*, p. 228.

com Deus. Em última análise, é o efeito engano que a riqueza produz. Quem vive na abundância pode cair facilmente na armadilha do "ateísmo religioso". O já citado Professor Ruster, referindo-se ao que aconteceu na Alemanha ao longo dos anos da Segunda Guerra Mundial, disse que

> [...] o holocausto se produziu dentro de uma cultura moldada pelo cristianismo. Não apenas os campos de concentração estavam situados perto dos museus, dos auditórios e das bibliotecas, não apenas os que planejaram e executaram o extermínio liam Goethe e Schiller, mas a maioria daqueles facínoras havia recebido por anos a fio aulas de religião cristã, tinha assistido com frequência o culto divino e ouvido sermões e instruções morais. Houve um cristianismo que tornou possível Auschwitz, ou ao menos não o impediu. Não houve um protesto, uma resistência geral dos cristãos na Alemanha quando Auschwitz se tornou público, nem quando foi emergindo mais claramente o que lá acontecia. Também cabe dizer que a pregação cristã marcada pela teologia não proclamou a solidariedade dos cristãos com os judeus imposta pela fé. Ensinou-se, compreendeu-se e viveu-se a fé no Deus dos cristãos esquecendo-se a comunhão destes com o povo da aliança, eleito e querido pelo mesmo Deus de judeus e cristãos. Toda a teologia cristã anterior a Auschwitz caiu sob a suspeita de ter fracassado em um ponto central... Precisamos perguntar-nos em que, por um lado, difere a "providência" de Hitler e sua "onipotência" e, por outro, Deus[64].

É que tanto a "onipotência" de Hitler como o "Deus" dos cristãos confundiram a segurança, a riqueza e o poder com o Pai que nos foi revelado por Jesus e que se encontra no pobre, no faminto, no sedento, no enfermo e no estrangeiro, inclusive naquele ou naquela que se sentem privados de liberdade numa cela de prisão.

---

64. *Ibid.*, p. 32-33.

19

O perigo da ambição pelo poder

Tem poder quem se impõe e manda nos outros, e aquele a quem os outros se submetem. Partindo desse critério, julga-se mais importante quem dispõe do poder. Esse modo de julgar – que é um fato constatável – vem fazendo mal à Igreja desde os inícios, pois o Concílio Vaticano II, na Constituição sobre a Igreja (LG 5), não diz que Jesus "fundou" a Igreja, mas que "iniciou" (*"initium fecit"*) sua Igreja "anunciando o Reino de Deus".

Ora, nesse anúncio do Reino de Deus, isto é, nesse anúncio do Evangelho, já se tornaram patentes os enfrentamentos que os primeiros apóstolos tiveram com Jesus e entre si, precisamente porque pretendiam monopolizar o poder, reivindicar um poder de mando, de dominação, e atribuir-se a máxima importância na comunidade dos seguidores. Comunidade que, como afirmei, foi o ponto de partida da Igreja.

O mais significativo desses enfrentamentos e conflitos (dos apóstolos com Jesus e entre si) diz respeito ao trágico fim da vida de Jesus neste mundo. Infelizmente não é frequente encontrar tal conflito (suficientemente explicitado) nos abundantes comentários dos evangelhos que circulam entre estudiosos e pregadores.

Jesus anunciou três vezes aos seus discípulos que o fim de sua vida estava próximo e, sobretudo, que seria um fim trágico e cruel: que se aproximava sua paixão e morte, que seria rejeitado pelos anciãos, pelos sumos sacerdotes e pelos mestres da Lei (Mc 8,31 par.; Mc 9,31 par.; Mc 10,33ss.)[65]. Fato que não é de se estranhar! O próprio Joaquim Jeremias nos faz ver que "fatores externos ao ministério de Jesus obrigaram-no a ter que contar com uma morte violenta"[66]. Seus constantes conflitos com os dirigentes da religião oficial, cujo centro era o Templo de Jerusalém, fizeram-no pensar no fim cruel que o esperava.

Ora, parece natural e inevitável que aqueles homens que seguiam a Jesus e que, por fazê-lo, haviam abandonado família, casa, trabalho e bens, e se despojado de tudo neste mundo, tivessem uma dupla reação: 1ª) Rejeitar e resistir a fim de que seu Mestre não terminasse sua vida de forma tão cruel e vergonhosa; 2ª) Se era efetivamente certo que iam ficar sem seu Senhor, o mais lógico seria pensar e resolver – e possivelmente desejar – quem deveria ser o novo chefe do grupo. Insisto nessa dupla reação porque, antes dos três anúncios da paixão e morte, nenhum dos "Doze" imaginou rejeitar frontalmente o que Jesus lhes dizia, tampouco haviam discutido entre si sobre quem seria o primeiro ou o mais importante.

Ora, depois do primeiro anúncio do trágico fim de Jesus a seus seguidores mais próximos (Mc 8,31; Mt 16,21), Pedro increpa (repreende com dureza e severidade) Jesus, resistindo com firmeza ao desfecho que aguardava o seu Senhor. É então que Jesus enfrenta Pedro usando uma *expressão* extremamente dura: "Saia da minha frente, satanás" (Mt 16,23 par.). Exatamente a mesma expressão que Jesus empregou con-

---

65. JEREMIAS, J. *Teología del Nuevo Testamento*. Salamanca: Sígueme, 1974, v. 1, p. 321.

66. *Ibid.*, p. 323.

tra o demônio na última tentação enfrentada no deserto (Mt 4,10)[67]. Pretender seguir a Jesus com a condição de que esse seguimento não mexa com nossa segurança, com nossa dignidade e, obviamente, com nossa vida, não é seguir a Jesus. As pessoas que praticam a religião e ficam (simplesmente) nisso, pensando como pensava Pedro ao confrontar-se com Jesus, dão o mínimo de si.

Assim começou a tensão final entre Jesus e seus discípulos. A chave do problema suscitado então por Jesus é tremenda: "Se alguém quiser seguir-me, tome sua cruz e me siga" (Mt 16,24 par.). Como foi acertadamente dito, "a negação de si mesmo" não vai contra a busca de conhecer-se, mas contra a autoconservação de quem vive "fixado em seu próprio eu"[68].

Os discípulos de Jesus haviam deixado tudo para segui-lo. Porém, nas tensões havidas entre Jesus e seus discípulos percebe-se claramente que aqueles homens "continuavam fixados em seu próprio eu". Enquanto Jesus se apresentava como um líder vitorioso que atraía as multidões e era admirado pelo povo, aqueles pescadores e pecadores deixaram tudo e seguiram o Jesus sedutor das massas. Mas, quando se deram conta de que Jesus era um homem ameaçado, que previa um fracasso final, tornou-se patente que aqueles supostos seguidores de Jesus eram na verdade homens que estavam dispostos a triunfar enquanto Jesus triunfava. Ao anunciar o fracasso iminente, o ambiente entre os seguidores mais próximos de Jesus foi se tornando estranho. Jesus lhes dizia que quem quisesse segui-

---

67. LUZ, U. *El Evangelio según san Mateo. Op. cit.*, p. 640.

68. DREWERMANN, E. *Das Markusevangelium*. Otten: Walter-Verlag, 1987, p. 581.

-lo deveria "carregar a própria cruz", expressão mais ridícula e perigosa que se podia dizer a qualquer cidadão do Império[69].

Tudo isso significa que, mesmo que os primeiros discípulos de Jesus tivessem abandonado casa, família, trabalho..., o simples fato de abandonar o que se vê e o que se toca não esconde o outro fato de que aqueles homens continuavam agarrados, todos, ao próprio eu.

Por isso Jesus insistiu de novo no tema, ridículo e aterrador, do fim que o esperava em Jerusalém. Por isso e nessas condições Jesus atravessou mais uma vez a Galileia, mas "não queria que alguém o soubesse" (Mc 9,30). Por que esse isolamento das pessoas? Segundo o relato de Marcos, o motivo de Jesus realizar aquela viagem isolado das pessoas e centrado apenas nos discípulos mais íntimos foi precisamente para ir instruindo os Doze sobre a morte que iria sofrer em Jerusalém. Um anúncio patético e estarrecedor que aqueles primeiros apóstolos "não compreendiam e [até] receavam interrogá-lo" (Mc 9,32). Como já aventado, "os discípulos seguiam seu Mestre, mas a postura interior estava muito longe de ser um seguimento autêntico"[70].

---

69. Cf. GNILKA, J. *El Evangelio según san Marcos. Op. cit.*, p. 26.

70. *Ibid.*, p. 62.

20
A mediocridade no seguimento de Jesus

Por que essa espécie de "mediocridade" no seguimento, em se tratando precisamente de homens que diziam: "E nós que deixamos tudo para seguir-te" (Mc 10,28; Mt 19,27; Lc 18,28)? É uma pergunta razoável, bem como a resposta anteriormente formulada pela certeira observação de Drewermann: aqueles primeiros discípulos "continuavam fixados em seu próprio eu".

Em que se fundamenta essa afirmação? Quando chegaram a Cafarnaum, e já tranquilos em casa, Jesus fez aos Doze uma pergunta incômoda: "Sobre o que discutíeis pelo caminho?" Ninguém respondeu. Todos se calaram, "pois no caminho tinham discutido sobre quem seria o maior" (Mc 9,33-34 par.). Logicamente tinham motivos suficientes para calar-se quando Jesus os confrontou com o que se passava na intimidade de cada um.

Por isso Jesus – que já havia anunciado o fim que haveria de sofrer – não se zangou nem os repreendeu. Sentou-se tranquilamente e lhes deu esta ordem fundamental: "Se alguém quiser ser o primeiro, seja o último de todos e servo de todos" (Mc 9,35 par.). Isso sim é romper com a fixação que todos temos em nosso próprio eu. Uma fixação que nos faz querer constantemente – e sem dar-nos conta – ser aquele que tem a razão, o mais importante, o primeiro, o que está acima dos outros nas coisas que mais valorizamos e mais intensamente queremos. É a apetência que nos mobiliza. E o pior de tudo, num tema tão capital como esse, é que vivemos essa realidade tão intensa quanto inconscientemente.

Por isso Jesus, ali mesmo e naquele momento, "pegando uma criança, postou-a no meio deles e, depois de a ter abraçado, disse-lhes: Quem acolhe em meu nome uma criança como esta, não é a mim que acolhe, mas Àquele que me enviou" (Mc 9,37 par.). Para compreender o que Jesus disse ao colocar as crianças como modelo – com as quais se identificava – é indispensável ter presente que as palavras *país* e *paidion* podiam significar "escravos", e, de certa forma, as crianças não dispunham de direitos, eram seres insignificantes[71], relegadas a extremos inimagináveis em nossos dias: uma criança podia ser abandonada, vendida como escrava e até ser atirada, enquanto bebê ainda, numa esterqueira.

Dito isso, compreende-se facilmente que Jesus exigisse de seus seguidores algo que era ainda mais básico, forte e radical do que distribuir a própria riqueza aos pobres, ficar sem família e sem casa: seguir a Jesus significava arrancar de si mesmo a fixação no próprio eu.

Podemos ser tão generosos a ponto de "despojar-nos" de tudo aquilo que temos (família, casa, bens, títulos...), mas generosidade plena consiste em "despojar-se do próprio eu", em despojamento total de si mesmo. Foi o que Jesus fez ao dirigir-se a Jerusalém, mesmo sabendo que lá haveriam de matá-lo.

Ora, se o seguimento de Jesus só é verdadeiro quando se chega à profundidade que acabo de indicar, compreende-se que os primeiros apóstolos discutissem qual deles seria o maior, o mais importante, e quem deveria estar à frente dos demais.

---

71. LUZ, U. *El Evangelio según san Mateo. Op. cit.*, p. 33.

Dessa forma salta aos olhos o contraste – e até a contradição – que o Evangelho deixa em aberto: enquanto, a caminho de Jerusalém, Jesus ia diretamente ao encontro do fracasso e da morte, os incipientes fundadores da Igreja, no mesmo caminho rumo a Jerusalém, iam discutindo entre si qual deles seria o mais importante, aquele que deveria triunfar naquele grupo.

Sem dúvida estava nascendo a Igreja, e, com ela, a contradição mais perigosa e inconsciente que se pode viver em termos religiosos. Refiro-me à contradição em que viveram os primeiros discípulos de Jesus, que é exatamente a mesma contradição que viveram e vivemos (sem dar-nos conta) tantos "homens de Igreja". Em última análise, é a mesma contradição que a Igreja continua vivendo. Disso falarei mais adiante.

21
Paixão e contradição

Depois de ter anunciado duas vezes aos seus discípulos o fim dramático e vergonhoso que o esperava em Jerusalém, justamente quando estavam chegando à capital, Jesus insiste de novo e pela terceira vez no mesmo tema (Mc 10,32-34; Mt 19,13-15; Lc 18,15-17). Com razão o relato de Marcos destaca o assombro (*"thambeö"*) e o medo (*"phobeomai"*)[72] dos que o acompanhavam (Mc 10,32)[73]. E, além disso, esse foi o anúncio mais detalhado que lhes fez sobre o tema.

E o fez justamente quando o fracasso mortal se lhe vinha em cima, quando o próprio Jesus teve de aceitar "a função mais baixa que uma sociedade pode adjudicar: a de delinquente executado"[74]. Em semelhante situação, possivelmente aproveitando o fato de que Jesus estava às vésperas de seu fim neste mundo, ocorreu a dois dos discípulos mais proeminentes, Tiago e João, filhos de Zebedeu, pedir que lhes concedesse um lugar de mando e triunfo. Ou seja, pediram que Jesus os colocasse em postos mais importantes, precisamente quando o grupo de seguidores ia ficar sem seu fundador, vis-

---

72. BALZ, H.; SCHNEIDER, G. *Diccionario exegético del Nuevo Testamento*. Vol. 2. *Op. cit.*, p. 1.966-1.975.

73. MARCUS, J. *El Evangelio según San Marcos*. Salamanca: Sígueme, 2011, v. 2, p. 851-852.

74. THEISSEN, G. *El movimiento de Jesús*. Salamanca: Sígueme, 2005, p. 53.

to que não tardaria a execução de Jesus com a morte mais cruel e humilhante imposta pelo Império.

Na verdade, de um ponto de vista puramente humano, é evidente que aqueles dois homens pretendiam triunfar. Para quê? Não estariam pensando, em seus egos satisfeitos, que a partir do próprio imaginário de "triunfo" iriam ensinar melhor o "fracasso" (humano) representado pela morte de Jesus?

A contradição ficou patente. Por isso, cortando o mal pela raiz, Jesus lhes disse que "não sabiam o que estavam pedindo" (Mc 10,38; Mt 20,22). Além disso, Jesus colocou as coisas em seu devido lugar usando metáforas conhecidas na literatura do Antigo Testamento: "*beber o cálice*" e "*ser batizados*", que significavam "engolir um cálice envenenado" e "afundar-se nas águas do dilúvio" (cf. Sl 75,8; Is 51,17.22...; Sl 42,7; 43,2...)[75]. E então aconteceu o que tinha que acontecer: os outros dez discípulos "se indignaram contra os dois irmãos" (Mt 20,24 par.). Ficou claro que, embora os Doze tivessem deixado tudo para seguir a Jesus, "não haviam arrancado de dentro de si o próprio *ego*".

Portanto, já na comunidade nascente (que mais tarde começou a chamar-se *Igreja*), os Doze apóstolos se indignaram diante da pretensão de alguém dentre eles querer ser mais importante ou ter mais poder do que os outros. Por isso Jesus – mais uma vez – teve que cortar o mal pela raiz, dizendo com firmeza: "Se alguém quer ser grande dentre vós, seja vosso servo" (Mc 10,42-43; Mt 20,27). É a inversão total do poder, da importância, do mando. Quem quer ser grande deve fazer-se pequeno e abdicar de qualquer ideia de grandeza. Assim, e so-

---

75. MARCUS, J. *Op. cit.*, p. 859.

mente assim, converte-se uma comunidade em uma "sociedade de contraste" frente a este mundo em que vivemos[76].

Esse foi o projeto de Jesus. Mas seus discípulos, a partir dos primeiros seguidores, deixaram provas evidentes de querer usufruir do sucesso daquele projeto sem arrancar de si o próprio *egocentrismo*, não percebendo que seus projetos não coincidiam com o que Jesus lhes havia anunciado repetidas vezes (Mt 20,24-28; 18,1-4). Com razão foi dito que é possível que haja "estruturas superiores e súditos, sacerdotes e leigos, em uma Igreja que se pretende orientar na direção do Evangelho, mas essa realidade aponta para uma direção oposta: não para a perspectiva do abaixar-se, do serviço, mas para a perspectiva do elevar-se, em direção à busca de poder"[77].

Por isso, naquele grupo de homens, que pretendiam "seguir" a Jesus sem arrancar de si mesmos as aspirações ocultas, aconteceram coisas que não deveriam ter acontecido se o seguimento tivesse alcançado as profundezas de seus corações. Basta lembrar alguns fatos que os evangelistas não quiseram esconder. Na cena de despedida, Pedro negou-se a aceitar que Jesus lhe lavasse os pés: "Lavar os pés a mim? Jamais" (Jo 13,6-9). Judas traiu Jesus vendendo-o aos Sumos Sacerdotes, fato que o levou ao suicídio (Mc 14,17-21 par.; Mt 27,3-10; At 1,18-19). Pedro negou (três vezes) sua relação com Jesus (Mc 14,66-72 par.). Quando Jesus agonizava de tristeza na oração do horto do Getsêmani, os discípulos dormiam tranquilamente (Mt 26,40; Mc 14,37; Lc 22,45-46). E, finalmente, quando che-

---

76. LUZ, U. *El Evangelio según san Mateo. Op. cit.*, p. 221.

77. *Ibid.*, p. 223-224.

gou a hora da prisão de Jesus, "todos os discípulos o abandonaram e fugiram" (Mt 26,56; Mc 14,50).

Mas não é só isso. O auge da desconfiança em Jesus por parte daqueles supostos e incipientes seguidores ficou claro nos relatos da ressurreição: a resistência, a incredulidade na maioria dos casos, a dúvida dos discípulos que, em última análise, significava a não aceitação daquilo que Jesus lhes havia comunicado nos três anúncios de sua paixão e morte. Todo esse conjunto de experiências teve sua expressão máxima no relato da recusa de Tomé em crer que Jesus havia ressuscitado (Jo 20,24-29). Tomé só aceitou Jesus vivo e presente quando viu e tocou o Ressuscitado. O que viu? O que tocou? Viu e tocou chagas e feridas de violência e morte. Então, ao dizer "Meu Senhor e meu Deus" (Jo 20,28), reconheceu que Jesus havia ressuscitado. E foi este Senhor e este Deus, chagado e ferido, que deu a Pedro o mandato definitivo: "*akolouthei moi*", "segue-me" (Jo 21,19). Este foi o ponto de partida da Igreja nascente[78] – e o projeto de vida que Jesus pôs em marcha.

---

78. THEOBALD, M. *Herrenworte im Johannesevangelium* (HBS 34), Freiburg: Br, 2002, p. 235.

22

Paulo de Tarso e sua "religião de redenção"

Estaria fundada a Igreja com a morte de Jesus? Teria nascido então – e desta forma – a Igreja? Não! Os evangelhos, que conhecemos e reconhecemos como autênticos, nasceram pouco antes ou depois da queda de Jerusalém em mãos do Império Romano; ou seja, por volta do ano 70[79]. Jesus morreu por volta do ano 30. Nos quase quarenta anos que separam a morte de Jesus e o surgimento do Evangelho de Marcos (o primeiro dos quatro), a Igreja foi se organizando e se expandindo Império afora. Como se sabe, essa expansão e sua organização foi obra de Paulo de Tarso, promotor e teólogo determinante daquela Igreja nascente.

Ora, Paulo não conheceu a Jesus, o filho de Maria que nasceu, viveu e morreu neste mundo. A Paulo, no caminho de Damasco, não lhe apareceu o Jesus terreno, mas o Ressuscitado da transcendência, fato que, não necessariamente com as mesmas palavras, o próprio Paulo repete várias vezes (Gl 1,11-16; 1Cor 9,1; 15,8; 1Cor 4,6). Além disso, o evangelista Lucas, nos Atos dos Apóstolos, repete o que Paulo já havia dito. Ele o diz três vezes em relatos detalhados (9,1-19; 22,3-21; 26,9-18). Portanto, Paulo não pôde ter nem ideia da humanidade nem

---

79. GNILKA, J. *El Evangelio según san Marcos. Op. cit.*, p. 41-42.

da humanização de Deus em Jesus de Nazaré. E o que é mais chocante, Paulo chega a confessar que o conhecimento de Cristo "segundo a carne", o Jesus humano, que é o centro do Evangelho, não lhe interessava: "Por isso, doravante, nós não conhecemos mais ninguém segundo a carne: se antes conhecemos a Cristo segundo a carne, agora já não o conhecemos assim" (2Cor 5,16). Isso mostra que Paulo foi muito condicionado pelo dualismo do gnosticismo, que contrapunha o "espírito" à "carne"[80], e que, em última análise, a existência terrena, carnal e humana de Jesus não lhe interessava em absoluto.

Além disso, quando Paulo fala de Deus, obviamente se refere ao Deus de Abraão e ao Deus das promessas feitas a Abraão (Gl 3,16-21; Rm 4,9-25)[81]. Ou seja, o Deus que Paulo pregava era o de Israel, não o que Jesus nos revelou e nos deu a conhecer nele (Jo 1,18; 14,8-11; 10,30). Portanto, por mais estremecedora que possa ter sido para Paulo a experiência do caminho de Damasco, "não lhe sugeriu a ideia de mudança de religião"[82]. Paulo não pensou nem deixou escrito que Jesus e seu Evangelho eram a revelação definitiva de Deus à humanidade.

Deparamo-nos, portanto, diante do fato surpreendente de que a Igreja nascente, ao longo de cerca de quarenta anos, foi se organizando e se expandindo mais interessada no Cristo glorioso que Paulo pregava do que no Jesus humano que encontramos

---

80. PIÑERO, A.; MONTSERRAT, J. *Textos gnósticos* – Biblioteca de Nag Hammadi. Madri: Trotta, 1997, p. 100-102.

81. SCHNELLE, J. *Paulus* – Leben und Denken. Berlim: Walter de Gruyter, 2003, p. 56.

82. LEGASSE, S. *Pablo Apóstol*. Bilbao: Desclée, 2005, p. 82.

no Evangelho. Como o disse um dos mais autorizados especialistas no estudo da teologia de Paulo, "o abismo que separa Jesus de Paulo vai além do Jesus histórico... foi Paulo que fundou realmente o cristianismo e fez dele uma religião de redenção"[83]. Ou seja, o centro da pregação de Paulo para humanizar este mundo e esta vida tão desumanizada e sempre com a esperança da ressurreição não pôde ser o Evangelho de Jesus, mas a religião que crê e venera o Ressuscitado, que nos redime de nossos pecados para alcançar a salvação eterna na outra vida.

A consequência inevitável é que a Igreja deu seus primeiros passos e foi se organizando como uma religião que nos redime do pecado e nos promete a vida eterna. O conhecimento e a experiência do Evangelho tiveram sua fundação numa fase posterior. Ora, a partir do momento em que a religião de Paulo se antecipou ao Evangelho de Jesus, tornou-se inevitável que o cristianismo passasse a ser uma religião a mais. Uma religião que foi se interessando mais pela "divindade de Jesus" do que pela "humanização de Deus".

Em consequência, posto que o cristianismo era pensado e vivido mais como religião do que Evangelho, imediatamente começaram a acontecer divisões que nos dão uma ideia do pouco que se valorizava o Evangelho de Jesus, como as discórdias que surgiram entre os primeiros cristãos em Corinto, aos quais Paulo escreveu: "Com efeito, meus irmãos, familiares de Cloé me informaram que há discórdias entre vós. Explico-me: cada um de vós fala assim: eu estou com Paulo, eu com Apolo, eu com Pedro, eu com Cristo" (1Cor 1,11-12). Como foi

---

83. BORNKAMM, G. *Pablo de Tarso*. 7. ed. Salamanca: Sígueme, 2008, p. 291.

acertadamente dito, "para Paulo, o Evangelho é o anúncio da salvação que Deus oferece por meio da morte e ressurreição de Jesus Cristo"[84].

Portanto, a "religião" de Paulo introduziu na Igreja uma série de crenças e práticas das quais Jesus nunca falou. Por exemplo: 1) Submeter-se às autoridades políticas, da forma como devemos nos submeter a Deus (Rm 13,1-7), mesmo que tal autoridade seja um tirano, da alçada de Nero. 2) A rejeição depreciativa da homossexualidade (Rm 1,24-27). 3) A manutenção da escravidão (1Cor 7,20-24; Ef 6,5; Cl 3,22; Fm 16; Tm 6,1; Tt 2,9-10). 4) A submissão das mulheres a seus maridos, detalhando inclusive certos deveres que para nós hoje se nos parecem intoleráveis ou ridículos (1Cor 11,2-16; 14,33-36; Cl 3,18; Ef 5,22-24)[85].

Enquanto a vida pública de Jesus foi um constante enfrentamento com a religião (sacerdotes, templo, rituais, mestres da lei...), as práticas e observâncias que se exigiam dos cristãos reunidos em assembleia na Galácia, em Éfeso, em Corinto, em Roma sempre eram celebradas sob a rubrica da religião, no sentido que os cientistas sociais modernos atribuem a essa palavra[86]. Naquele ambiente eram celebrados o Batismo como rito de iniciação, e a Eucaristia como a ceia do Senhor, um rito de solidariedade que teve sérios problemas de deformação, como o reconhece o próprio Paulo em 1Cor 11,17-34: "os

---

84. AGUIRRE, R. *La memoria de Jesús y los cristianos de los orígenes*. Estella: Verbo Divino, 2015, p. 142.

85. Cf. MEEKS, W. A. *Los primeros cristianos urbanos*. Salamanca: Sígueme, 2012, p. 125-126; 142; 263.

86. *Ibid.*, p. 232.

pobres passavam fome e os ricos se embebedavam durante a ceia" (1Cor 11,21). E dessa forma, como o próprio Paulo o reconhece, "é impossível comer a ceia do Senhor" (1Cor 11,20).

Seria imaginável que Jesus, para instituir a Eucaristia, convocasse ricos e pobres (o epulão e Lázaro, por exemplo) para comungar juntos e dizer-lhes "fazei isto em memória de mim"? (1Cor 11,24). A diferença e o contraste são evidentes. Paulo falava a partir da mentalidade que o ritual de uma religião impõe; Jesus falava a partir da experiência de vida em comum que caracteriza o Evangelho. Assim se expandiu a Igreja em suas origens, a partir da experiência de Paulo no caminho de Damasco até o início da difusão dos evangelhos, poucos anos depois de sua morte, quando Jerusalém já se encontrava invadida e ocupada pelos romanos, por volta do ano 70.

23
Religião e Evangelho: em que diferem?

A essência do problema reside na contraditória diferença que existe entre a religião e o Evangelho. De fato, o Evangelho é a revelação de Deus em Jesus, no conjunto daquilo que foi sua vida, desde a manjedoura de Belém até a cruz em Jerusalém, com a esperança final da ressurreição. E a religião é uma prática que consta de três elementos fundamentais: 1) do *mito*, que se baseia em histórias e lendas indemonstráveis; 2) da *norma* (ou lei), que impõe toda uma série de obrigações para a religião e para aqueles que a aceitam; 3) do *rito*, que é um conjunto de ações religiosas executadas com trajes uniformes[87].

O mais importante desses elementos é o *rito*. Dele se pode dizer que comporta em si o perigo de antepor-se ao "*ethos*", ou seja, a religião carrega em si o perigo de tranquilizar a consciência com o cumprimento do rito, mas simultaneamente marginalizando a ética. Assim, pode ser (e acontece) que haja pessoas simultaneamente tão religiosas quanto imorais, de forma que não é incomum ver religiosidade e imoralidade juntas – encarnadas na "consciência tranquila" –, a partir das quais não poucas pessoas imorais e perigosas se justificam a si mesmas, danando-se a si mesmas e danificando a vida dos outros.

---

87. LANG, B. Ritual/Ritus. *In*: CANCIK, H. *et al. Handbuch religionswissenschaftlicher Grundbegriffe*. Stuttgart: Kohlhammer, 1998, v. 4, p. 442-458.

Isso acontece porque os ritos são ações que, em razão do rigor na observância das normas, constituem-se em um fim em si mesmo[88]. Assim, a observância e o cumprimento exato do ritual, em todos os seus detalhes, passa de um simples meio a um fim em si mesmo. E essa fidelidade traz paz e sossego, o inversamente oposto ao caos, à desordem, ao perigo. Dito de outra maneira: o rito perfeitamente cumprido serve para defender-se do medo[89] que mergulha o sujeito num caos psíquico experimentado pessoalmente como insegurança, treva pessoal e íntima, ansiedade, pânico e mal-estar profundo. Isso é o que motiva muitas pessoas religiosas a praticarem escrupulosamente os ritos exigidos pela religião.

A essência do problema e a principal pergunta que se impõe é: Qual é a diferença radical que separa a religião do Evangelho? Ou por que a religião e o Evangelho são incompatíveis?

A resposta é clara: a religião centra o sujeito religioso "na busca do seu próprio bem", ao passo que o Evangelho centra o sujeito evangélico "na busca do bem dos outros". E tanto mais o centra no outro quanto maiores forem as necessidades desse outro. Poder-se-ia dizer que a lei que caracteriza o sujeito religioso é a *lei do mais forte*, ao passo que a lei que caracteriza o sujeito evangélico é a *lei do mais fraco,* para usar a expressão do conhecido professor de Filosofia do Direito da Universidade de Roma TER, Luigi Ferrajoli.

---

88. THEISSEN, G. *La religión de los primeros cristianos. Op. cit.*, p. 151-152.

89. Cf. FREUD, S. Zwangshandlungen und Religionsübungen. *In*: FREUD, S.; FREUD, A. *Gesammelte Werke*. Londres: Imago, 1941, v. 7, p. 129-139.

De fato, o *"homo religiosus"* se caracteriza pela submissão, mas tendo sempre presente que se trata de uma submissão praticada para alcançar "o acesso ao poder e ao seu exercício em nome da religião e por meio dela"[90]. Seja como for, é inquestionável que a fiel observância e o exato cumprimento dos ritos religiosos têm sempre, de uma forma ou de outra, um motivo e uma finalidade: obter ou alcançar algo de que a pessoa religiosa necessita ou deseja. É que, em última análise, a religião centra o ser humano em si mesmo, em seus interesses, em suas carências, em suas necessidades e em suas aspirações para este mundo. E, depois deste mundo, para alcançar "o perdão das culpas e a salvação". Isso explica por que, em ambientes e instituições religiosas, é tão frequente encontrar pessoas rigorosamente observantes, mas, ao mesmo tempo, profundamente egoístas.

Já o *"homo evangelicus"*, ao inverso, caracteriza-se pela liberdade. Uma liberdade a serviço dos mais necessitados. Por isso Jesus disse a Nicodemos, um fariseu de boa vontade: "a menos que nasça de novo, ninguém pode ver o Reino de Deus" (Jo 3,3). Obviamente, quem "nasce de novo" é "outra pessoa". Foi a razão pela qual Nicodemos não pôde compreender a resposta de Jesus. Então o próprio Jesus explicou ao bom fariseu: "Não te admires por eu ter dito: necessário vos é nascer do alto. O vento sopra onde quer, e tu ouves a sua voz, mas não sabes nem de onde vem, nem para onde vai. Assim acontece com todo aquele que nasceu do Espírito" (Jo 3,7-8).

---

90. BURKERT, W. *La creación de lo Sagrado*. Barcelona: Acantilado, 2009, p. 170.

O que Jesus quer dizer ao afirmar que aquele que nasce do Espírito é como o vento? A palavra "espírito", em grego "*pneuma*", significa exatamente "vento" (M. Zerwick). Ora, como o indica o próprio Jesus, quanto ao vento, "não sabes nem de onde vem, nem para onde vai". Ou seja, o vento é livre. É completamente incontrolável. Todos os progressos da ciência e da tecnologia fracassaram no intento de dominá-lo, direcioná-lo ou controlá-lo. Portanto, o que Jesus disse a Nicodemos é que o verdadeiro cristão é um ser humano completamente livre. Quem segue a Jesus, se o segue realmente, é por essa razão um ser livre como o vento. Não está e não pode estar controlado e menos ainda limitado por nenhuma instituição, motivação ou instância.

Portanto, os que pretendem seguir a Jesus devem querer viver em liberdade. Não, contudo, uma liberdade para fazer o que cada um bem entende ou o que lhe convém, como a busca da riqueza, do poder ou daquilo que os instintos de seu *ego* ditam. Não é nada disso! Tampouco algo que se assemelhe! Trata-se de uma liberdade – como ficou claro nas páginas precedentes – que se coloca a serviço dos mais necessitados, dos menores, dos que têm fome, sede, dos estrangeiros, dos enfermos, dos aprisionados (cf. Mt 25,35-36); enfim, dos que sofrem, não importando o motivo de sua desgraça. Quem, a partir de sua família e de seu trabalho, independentemente de seus costumes, tem como centro da vida a dedicação que lhe exige o seguimento de Jesus, este é quem aporta o que este mundo mais necessita. É isto que, acima de tudo, nos indica o Evangelho.

24
A evolução do Evangelho para a religião

Quando, como e por que se deu essa evolução ou, se preferir, esse deslocamento do Evangelho para a religião?

Como já mencionei, nas origens do cristianismo nos deparamos com uma Igreja em que estavam presentes a religião e o Evangelho. O que houve para que, na Igreja, aquilo que começou sendo Evangelho fosse se deslocando para acabar – sobretudo – numa religião que se serve do Evangelho?

Não pretendo fazer uma história detalhada do que houve nos séculos seguintes, mas me parece fundamental deixar claro que, em direta oposição ao que vem ensinando o Professor James D. G. Dunn (a partir dos postulados de William Wrede), não podemos afirmar que Jesus foi o "primeiro fundador" do cristianismo, e que em seguida Paulo teria sido o seu "segundo fundador"[91]. Como é possível falar de um segundo fundador do cristianismo, se Paulo nem conheceu nem pretendeu conhecer o Jesus da história?

Paulo apenas se interessou pelo Cristo Ressuscitado, que foi sua grande experiência vivida no caminho de Damasco. No entanto, é mais do que evidente que só com o conhecimento do Ressuscitado não podemos afirmar que conhecemos o

---

91. DUNN, J. D. G. *Jesús recordado* – El cristianismo en sus comienzos. Estella: Verbo Divino, 2009, p. 31.

Evangelho de Jesus. É bem verdade que Paulo emprega 48 vezes a palavra "Evangelho"[92]. Mas não podemos esquecer que Marcos, ao mencionar o "Evangelho", passa "da proclamação acerca de Cristo à proclamação efetuada por Jesus"[93]. Paulo, no entanto, não pôde falar da proclamação que Jesus fez, já que simplesmente não o conheceu e sequer se interessou pelo Jesus enquanto Deus encarnado, ou seja, enquanto "Deus humanizado". Ele centrou seu interesse e seu projeto no "Cristo ressuscitado", o que significa que, como o disse anteriormente, Paulo de fato fundou o cristianismo, mas fazendo dele uma "religião de redenção"[94].

Por consequência, a "religião de redenção" que Paulo fundou, pregou e organizou foi se espalhando pelo Império, do Oriente ao Ocidente, nas cidades importantes do Mediterrâneo. Ou seja, a religião cristã dominante, a que teve mais força e presença já nos séculos II e III, não foi o Evangelho de Jesus, mas a religião de Paulo. Isso, dentre outras coisas, teve uma consequência preocupante, sabiamente explicada pelo Professor Dodds: os escritos de Paulo proporcionaram aos rigoristas os textos que permitiram justificar sua obsessão psicológica. Eis a razão pela qual "a Igreja absorveu em seu sistema uma forte dose de rigorismo fanático, que agiu como um veneno lento e cujos resquícios ainda não foram totalmente expurgados"[95].

---

92. Cf. STRECKER, G. *In*: BALZ, H.; SCHNEIDER, G. *Diccionario exegético del Nuevo Testamento. Op. cit.*, p. 1.638.

93. *Ibid.*, p. 1648.

94. BORNKAMM, G. *Pablo de Tarso. Op. cit.*, p. 291.

95. DODDS, E. R. *Paganos y cristianos en una época de angustia.* Madri: Cristiandad, 1975, p. 60.

É bem verdade que, como o indica o próprio Dodds, "a Igreja oferecia todo o necessário para constituir uma espécie de segurança social: cuidava de órfãos e viúvas; atendia os anciãos, os incapacitados e os que careciam de meios de vida; tinha um fundo para funerais dos pobres e um serviço para as épocas de epidemia. Porém, mais importante do que esses benefícios materiais era o sentimento de grupo que o cristianismo estava em condições de fomentar"[96].

Tudo isso, obviamente, é elogiável e meritório. Entretanto, o fato determinante é que, nos séculos II e III, a Igreja foi se organizando mais como uma religião do que como um coletivo de seguidores de Jesus que tornavam presente o Evangelho na sociedade. Já no século II, entre os anos 111 e 113, Plínio, o Moço, governador da Bitínia, informava que os cristãos se reuniam num dia determinado, antes do alvorecer, para cantar um hino alternado em honra a Cristo. Pela tarde, voltavam a reunir-se para cear juntos, segundo o costume proveniente da comunidade de Corinto, como já o informava Paulo em 1Cor 11,28ss[97]. Poucos anos mais tarde, Justino informa sobre o "Amém" que o presidente da assembleia pronunciava, e que era repetido pela comunidade[98].

O fato é que essa tendência de ritualizar as reuniões de cada comunidade foi aumentando e consolidou-se nos séculos II e III, de forma que, já na segunda metade do século III, o bispo Cipriano de Cartago falava – com toda a naturalidade e com termos reconhecidos – de "bispos", "presbíteros" e "diáconos"

---

96. *Ibid.*, p. 178-179.

97. Cf. JUNGMANN, J. A. *El Sacrificio de la Misa*. Madri: BAC, 1951, p. 41-42.

98. *Ibid.*, p. 42.

como membros do "clero"[99]. Os outros cristãos eram, já naquela época, a "plebe"[100]. Compreende-se que Cipriano, em seu tratado *De singularitate clericorum*, denuncie a má conduta de alguns clérigos que viviam sob o mesmo teto com mulheres, sem estar casados[101]. Sem esquecer que a palavra "clero" não aparece em nenhuma parte do Novo Testamento. É um termo que vem do grego *cleros*, que significa "sorte". Ou seja, os que pertencem ao clero são os que tiveram a sorte de estar entre os que dispõem de poder, dignidade e privilégios, típicos de quem preside e lida com a religião.

A tudo isso devemos somar fatores surpreendentes nos séculos seguintes, desde Constantino até o Papa Gregório VII, no século XI. Naqueles séculos, o clero recebeu privilégios imperiais que sequer poderíamos imaginar; a ponto de bispos, por exemplo, serem considerados *ilustri*, praticamente equiparados aos senadores[102]. Era um privilégio tão importante, que as leis da Igreja se converteram muitas vezes em leis do Império. Basta pensar que o próprio Constantino já recompensava o clero cristão com privilégios; já eram eles (e não o cristão mediano) os especialistas em rituais; eram eles os que sabiam levar a cabo o "culto do santo e celestial poder"[103].

---

99. Por exemplo, em sua carta 14. Cf. CIPRIANO, S. *Obras de San Cipriano*. Madri: BAC, 1964, p. 409-412.

100. *Ibid.*, carta 16, p. 416-419.

101. Cf. HARNACK, A. *Texte und Untersuchungen*. Leipzig: J. C. Hinrichs'sche Buchhandlung, 1882, 24,3.

102. GAUDEMET, J. L'Eglise dans l'Empire romain (IV-V siècles): Histoire du Droit et des Institutions de l'Eglise en Occidente. *Revue des sciences religieuses*, Paris, v. 3, n. 33, 1958.

103. BROWN, P. *Por el ojo de una aguja. Op. cit.*, p. 99.

Assim a Igreja foi se distanciando não apenas do Evangelho, mas inclusive da religião, lidando com um poder puramente jurídico ou apenas conforme as relações de superioridade e subordinação[104].

O fato é que, na passagem daqueles séculos, a Igreja foi dividida em dois blocos: por um lado, o clero, com poder e dignidade; por outro, em submissão aos clérigos, a plebe, a população fiel e obediente ao poder e à dignidade dos "homens da religião", que são os que manejam e submetem inclusive as consciências, a parte mais íntima de cada fiel.

Ademais, e isso é mais preocupante, a palavra *Evangelho* não aparece no índice de matérias das Cartas de Cipriano. Só se encontra o termo *Evangelho*, mas raras vezes, nos tratados sobre o Pai-nosso, bem como sobre as boas obras e a esmola[105].

Enfim, não é nenhum exagero afirmar que, no fim do século III, a Igreja estava firmemente centrada na religião, e o Evangelho passou a ser reduzido a uma simples peça da religião cristã. O que significa dizer que o "cristão religioso" era (e o é ainda) o "bom cristão", enquanto o "cristão evangélico" (fiel ao Evangelho), ao levar a sério essa convicção, certamente ver-se-á rodeado de problemas, a ponto de converter-se em um indivíduo "suspeito" e inclusive "perigoso".

---

104. CONGAR, Y. *Por una Iglesia servidora y pobre*. Salamanca: San Esteban, 2014, p. 38-39.

105. CIPRIANO, S. *Obras de San Cipriano. Op. cit.*, p. 203, 206, 217, 220, 228, 235, 237, 239, 241.

25
Viver o Evangelho é algo "suspeito"?

Da mesma forma como concluímos as páginas precedentes, seria possível pensar e dizer que o cidadão que leva a sério o Evangelho se converteria, por essa mesma razão, em um indivíduo suspeito e inclusive perigoso? Se nossa sociedade fosse verdadeiramente cristã, isso não seria uma contradição?

Confesso que essa pergunta – e o problema que ela comporta – fez minha cabeça dar muitas voltas. Comecei a dar-me conta da resposta quando vi com clareza que, se a teologia é estudada apenas por meio dos tratados dos teólogos, é impossível compreender o que realmente implica a teologia, sobretudo caso se pretenda conhecer a fundo o que é a Igreja e o que representa e exige pertencer a ela. Uma Igreja que ensina exclusivamente o que estudaram e escreveram os teólogos (e seus colegas filósofos) não ensina o que é a Igreja nem as consequências de semelhante ensino. Ou seja, essa não pode ser uma verdadeira teologia.

Por que digo isso? Pela simples razão de que a teologia não é só uma série de ideias sobre Deus e o divino. Com ideias e conceitos, por mais especulativos e profundos que sejam, é impossível conhecer a Deus e o que Deus quer. As ideias e os conceitos não passam de objetivações (ou coisificações) que fazemos do Transcendente. Ou seja, fazemos de Deus um "objeto" de nossa mente. Uma ideia sobre Deus, por mais sublime que ela seja, é sempre um "objeto mental", uma "coisa"; mas não é, nem pode ser, o Transcendente.

Daí a sábia conclusão do Professor Juan Antonio Estrada em seu excelente estudo *La imposible Teodicea*[106]. Como é notório, a solução que o cristianismo deu a esse tema capital foi "a encarnação de Deus", que é "a humanização de Deus", tal como a apresenta o Evangelho[107].

Para saber o que é a Igreja e como ela deve ser organizada e administrada, a teologia elaborada por teólogos especialistas em eclesiologia não é suficiente. Nessa teologia há que se contemplar também e sempre dois temas fundamentais: a *economia* e o *poder*. Quando esses dois temas não estão presentes, é difícil compreendermos o que é e o que representa a Igreja.

Explico-me: ao longo de mais de trinta anos fui professor de Eclesiologia e Sacramentos em diversas Universidades da Europa e da América Latina. Para explicar a eclesiologia, de grande utilidade me foi a excelente e abundante produção teológica de Yves Congar. Eu estava convencido de que, com os bons tratados de teologia dos melhores teólogos, teria os conhecimentos necessários para explicar o que é a Igreja, como ela deve ser organizada e o que ela deve fazer para cumprir a sua missão neste mundo. Com esses conhecimentos, próprios de uma boa biblioteca teológica, me via bem-preparado para ensinar o que meus alunos teriam que saber. Os defeitos da Igreja e sua decrescente presença na sociedade atual eram atribuídos à "crise religiosa"

---

106. ESTRADA, J. A. *La imposible Teodicea*. Madri: Trotta, 1997.

107. CASTILLO, J. M. *La humanización de Dios*. Madri: Trotta, 2009; *Id.*, *La humanidad de Jesus*. Madri: Trotta, 2012. [Trad. bras.: *A humanização de Deus*. Petrópolis: Vozes, 2015; *A humanidade de Jesus*. Petrópolis: Vozes, 2017.]

que se espalha mundo afora. Essa é a verdade, mas não toda a verdade. Hoje o vejo mais claro do que nunca. Na teologia ensinada aos clérigos e leigos há um vazio e uma ausência que se transformam em lacunas e falhas capitais.

A leitura do livro de Peter Brown, professor da Universidade de Princeton, *Por el ojo de una aguja: la riqueza, la caída de Roma e la construcción del cristianismo en Occidente (350-550 d.C.)* [Pelo buraco de uma agulha: a riqueza, a queda de Roma e a edificação do cristianismo no Ocidente (350-550 d.C.)], aporta uma enorme quantidade de dados ausentes dos livros de teologia. Em um volume de mais de mil páginas, o Professor Brown apresenta e descortina o que é indispensável tanto para conhecer a Igreja quanto para saber como a riqueza e o poder tiveram influência sobre ela.

De fato, uma vez que a Igreja começou a dar mais importância à religião do que ao Evangelho, aconteceu o que tinha de acontecer. Como o disse o Professor Brown na conclusão de seu estudo:

> Os ricos começaram a entrar na Igreja em números sempre mais crescentes apenas a partir do último quarto do século IV, geralmente para ocupar funções de liderança na qualidade de bispos e escritores cristãos. Mais do que a conversão de Constantino no ano 312, o que marcou o ponto de inflexão na cristianização da Europa foi a entrada nas igrejas de riquezas e talentos novos, a partir do ano 370, aproximadamente. Desde então, como membros de uma religião à qual se haviam somado os ricos e os poderosos, os cristãos puderam começar a imaginar o impensável: a possibilidade de uma sociedade completamente cristã[108].

---

108. BROWN, P. *Op. cit.,* p. 1.034.

Conseguiu-se com efeito criar uma sociedade completamente cristã? Vinte séculos depois, e tendo em conta a complexidade de componentes do projeto que se pretendia alcançar, agora estamos em condições de ver com mais clareza que a pretendida "sociedade completamente cristã" nem foi conseguida, nem o será, pois nela existem vários elementos conflitantes: a "religião de redenção" que Paulo propagou (desde os anos 30 até os anos 60) e o Evangelho de Jesus apresentado pelos quatro evangelhos (do ano 70 ao fim do século I); os numerosos ingredientes da sociedade do Império (sobretudo os emprestados do direito romano: escravidão, desigualdade da mulher em relação ao homem, rejeição da homossexualidade, pessoas que careciam de direitos, como as crianças, os estrangeiros...) e, a partir do século IV, dois fatores sociais que dia após dia foram se fazendo mais presentes na Igreja: a riqueza e o poder.

Não poucos desses elementos foram adquirindo mais força e estiveram mais presentes na Igreja do que a religião e o Evangelho. De modo especial a riqueza e o poder. Basta pensar que, no ano 374, Ambrósio foi eleito e consagrado bispo de Milão enquanto simples catecúmeno ainda, ou seja, antes mesmo de ser batizado. Em geral, os ricos e os poderosos eram os que alcançavam a dignidade episcopal. Dessa forma a Igreja foi angariando tamanha riqueza e poder que, já no ano 494, o Papa Gelásio I, em uma carta ao imperador do Oriente, Anastácio, apresenta-lhe a teoria segundo a qual o mundo é governado por duas autoridades separadas: *sacerdotium* e *imperium*; de um lado, o papa para questões espirituais, de outro, o imperador para assuntos e problemas temporais[109]. A teologia da Igreja derivada desse princípio foi amplamente analisada por Y. Congar[110].

É evidente a impossibilidade de conciliar e harmonizar essa "grandeza" e esse "poderio" da Igreja com os ensinamentos e as exigências do Evangelho de Jesus. Semelhante harmonia deixou de existir, e isso persiste até os dias de hoje. Assim, a Igreja culminou numa religião poderosa e rica, enquanto o Evangelho foi reduzido a uma componente ou a um elemento da religião: uma breve leitura feita em alguns minutos ao longo da missa, seguida de uma explicação ou de um comentário. Mas que poder de decisão de vida essa breve leitura poderia ter? Conseguiria essa breve leitura imprimir uma marca indelével nos cristãos? Seria possível transformar em vida as leituras diárias ou dominicais do Evangelho feitas nas missas? Ao que tudo indica, o Evangelho, enquanto forma de vida, parece ter ficado restrito àqueles e àquelas que aspiram a uma vida de santidade, que, infelizmente, não parece ser a aspiração do cristão ordinário. O fato "visível" e "tangível" é que, na Igreja, não é o Evangelho que conta, mas a religião.

Compreende-se agora a razão pela qual quem leva a sério o Evangelho – e se propõe a vivê-lo com todas as suas consequências – pode ser visto como um indivíduo suspeito.

---

109. STEIN, P. G. *El Derecho romano en la historia de Europa*. Madri: Siglo XXI, 2001, p. 44.

110. CONGAR, Y. *L'Eglise de Saint Augustin à l'époque moderne*. Paris: Cerf, 1970. Especialmente, para o tema tratado aqui, p. 26-27.

26

Que religião praticam os cristãos?

Tendo por pressuposto o que acabo de dizer, surge uma pergunta lógica: Que religião praticam os cristãos? A "religião de redenção" ensinada por Paulo de Tarso ou a "Boa-nova" que Jesus ensinou?

Para responder é necessário ter presente que "o divino", próprio de Deus, é mais importante que "o humano", aquilo que vivemos e está ao nosso alcance. Trata-se de algo elementar, que explica a razão pela qual os cristãos dos primeiros séculos, quando falavam do Evangelho, pensavam que Jesus de Nazaré tinha sido um ser humano. Porém, se Jesus foi verdadeiramente um homem, que explicação poderia ser dada ao fato de que alguém, nascido em Nazaré, usasse de seu poder para curar enfermos incuráveis, perdoar pecados, ressuscitar mortos, transformar práticas religiosas impostas a fiéis observantes da religião de Israel ou se atrever a entrar no templo com um chicote, dizendo que aquele espaço tinha sido transformado num covil de ladrões? Com certeza, essas perguntas ou outras semelhantes semearam dúvidas e incertezas nos cristãos dos primeiros séculos.

Como, por outro lado, a Igreja ficava dia após dia sempre mais poderosa e rica, ela teve de buscar uma explicação não ao que tinha sido a vida daquele modesto nazareno, Jesus, "o filho de José" (Lc 4,22), mas explicar quem era e qual era o "ser" de

Jesus, aquele homem que foi perseguido, julgado e condenado à morte como um delinquente. Ou seja, a questão determinante era definir com precisão não "como deviam viver os cristãos", mas "qual era a natureza e a essência de Jesus".

Na Igreja dos séculos IV ao VI, os escritores mais respeitados eram os filósofos gregos. Os papas e os imperadores se serviram daqueles pensadores da antiga Grécia para resolver os problemas religiosos mais prementes. Refiro-me agora, sobretudo, aos primeiros concílios ecumênicos, convocados para resolver as questões que mais preocupavam a Igreja daqueles tempos: trata-se dos concílios de Niceia (325), de Constantinopla (381), de Éfeso (431), de Calcedônia (451) e do Segundo Concílio de Constantinopla (553)[111]. Nesses concílios não foram resolvidos problemas levantados por Jesus no Evangelho, mas, sobretudo, algumas questões filosóficas que mais preocupavam os papas e os imperadores. Basta lembrar a problemática e a terminologia que interessou nos referidos concílios: Natureza (*phisis*), Essência (*ousía*), Substância (*Hipóstasis*), Persona (*prósopon*)[112].

Está claro que, na Igreja daqueles séculos, preocupava mais o especulativo da religião do que a forma de vida que o Evangelho propõe. Sem dúvida a especulação sobre o "Dogma" é importante, mas, a meu ver, mais premente e decisivo é o seguimento de Jesus segundo a proposta e a exigência do Evangelho. Com frequência não nos damos conta de que seguir a Jesus é mais importante do que conhecer as teorias religiosas.

---

111. Cf. SOTOMAYOR, M. Controversias doctrinales en los siglos V-VI. *In*: SOTOMAYOR, M.; UBIÑA, J.F. *Historia del Cristianismo*. Madri: Trotta, 2003, v. 1, p. 589-637.

112. Cf. *Ibid.*, p. 600-601.

Como acertadamente disse o teólogo Johann Baptist Metz, "o saber cristológico não se constitui nem se transmite primariamente no conceito, mas nos relatos de seguimento de Jesus"[113]. Dito de outra maneira: os discípulos de Jesus não aprenderam a "Cristologia", que posteriormente nos transmitiram, porque Jesus lhes tinha dado uma série de cursos e aulas de teologia. A Cristologia não entrou dessa forma naquele mundo. Os discípulos aprenderam-na porque abandonaram tudo o que tinham e entregaram suas vidas inteiramente ao seguimento de Jesus. Assim, e nisto, aqueles homens aprenderam a teologia que a Igreja conservou e transmitiu, mas que, com bastante frequência, não praticou nem viveu.

Por isso podemos afirmar – seguindo o Professor Metz – que "tampouco a teologia é hoje simples teologia de professores, nem se identifica com a teologia de ofício. Com maior razão, pois, não deve a teologia histórico-vital fechar-se em esquemas de expressão de uma linguagem científica exata e regulamentada"[114].

Para a Igreja é um dano irreparável que, para os bispos e os teólogos dos decisivos concílios dos séculos IV ao VI, as teorias de Platão, de Aristóteles ou dos estoicos tenham sido mais claras do que as perspectivas básicas de Jesus e de seu Evangelho. Por isso não é de se admirar que o próprio Santo Agostinho pensasse que a riqueza não causasse nenhum conflito, já que ele mesmo deixou suas origens na obscuridade. Como a própria graça, a riqueza era um fenômeno que Agostinho eliminou da análise humana. Ela encontrava-se entre os dons dos quais São Paulo havia escrito: "Porém, cada qual recebe de Deus um dom particular" (1Cor 7,7). Isso foi o que Agostinho,

---

113. METZ, J. B. *La fe entre la historia y la sociedad. Op. cit.*, p. 67.

114. *Ibid.*, p. 230.

no ano 418, escrevia a Bonifácio, o futuro conde da África. Ele se referia à sua classe social oficial, à sua coragem física e à sua riqueza em termos de dons de Deus, todos nivelados. Eram dons que deviam ser postos a serviço da Igreja católica[115].

Logicamente, uma Igreja que aceita e valoriza a riqueza como um dom de Deus se distancia do Evangelho. Um afastamento que não pode ser compensado com a religião, por meio de rituais litúrgicos, e menos ainda celebrando solenidades sagradas, pois, com tudo isso, o que o cristão consegue é tranquilizar a própria consciência e enganar a si mesmo. Dessa forma cria-se um mútuo fortalecimento entre "religião" e "consciência", e um crescente e inconsciente distanciamento do Evangelho. Isso, sem tirar nem pôr, é o que aconteceu com a Igreja, que se centrou em sua ortodoxia doutrinal, em sua observância litúrgica, em sua teologia atrasada e emperrada em não poucas ideias e critérios da Idade Média e, para piorar, fazendo de tudo o que está ao seu alcance para manter as melhores relações possíveis com o poder, tanto econômico quanto político.

Uma instituição que se obstina a manter as relações mais pacíficas com o poder econômico e político não consegue transformar este mundo em que vive. Muito pelo contrário! Assim a Igreja simplesmente fortalece os poderosos, os ricos e os que estão no topo do poder. Dessa maneira a Igreja e suas instituições situam-se entre os colaboradores mais eficazes do sistema político, injusto e violento, em que vivemos.

É duro e doloroso ter que dizer estas coisas. Mas, se as ignorarmos, que tipo de teologia nos será ensinada? E se sabemos de tudo isso e nos calamos, não estaríamos, com nossos "silêncios covardes", causando danos ainda maiores à Igreja?

---

115. BROWN, P. *Por el ojo de una aguja. Op. cit.*, p. 749-750.

27
Por que a religião matou Jesus?

O Evangelho de João nos oferece um dado eloquente daquilo que acabo de explicar. Quando Jesus devolveu a vida a Lázaro, a repercussão daquele acontecimento foi tamanha, que o Sinédrio se reuniu em regime de urgência e decretou que era necessário e premente matar Jesus (Jo 11,47-53). Por quê? Por um motivo econômico e político: se deixassem Jesus continuar devolvendo vida, todo o povo passaria a crer nele, os romanos poderiam intervir, e essa seria então a ruína de "toda a nossa nação" (Jo 11,50).

Para compreender o que acabo de dizer é importante lembrar que o Templo de Jerusalém era, na época de Jesus, a principal fonte de renda econômica e de poder político de toda a Judeia, além de ser sua capital[116]. Do templo viviam e se enriqueciam não apenas os sacerdotes, mas também os judeus que vinham de todo o Império para rezar e fazer comércio. No fundo, o problema residia na "nobreza religiosa" e no enorme comércio, tudo propiciado, via templo, pela religião, que via o Evangelho como uma ameaça.

Em poucas palavras: a partir do século IV, a riqueza e o poder se apoderaram da Igreja. E a Igreja, rica e poderosa a partir do século VI, viu-se como a instituição mais determinante na Europa. Peter Brown, em sua obra monumental, conclui:

---

116. JEREMIAS, J. *Jerusalén en tiempos de Jesús. Op. cit.*, p. 54-55.

Por fim, mas nem por isso menos importante, a maior surpresa teve lugar no fim do século V. Os líderes das igrejas se deram conta de que, em última análise, eram elas as realmente ricas, e não mais os grandes proprietários de terras leigos, cujas fortunas até então haviam ofuscado a riqueza eclesiástica. O ocaso das aristocracias tradicionais proporcionou à Igreja uma posição única[117].

Quando a riqueza e o poder se converteram (durante séculos) nos grandes pilares da Igreja, as consequências foram desastrosas para a autenticidade dessa mesma Igreja, visto que a riqueza, obviamente, era controlada por quem controlava o poder. Mas, bem o sabemos, o poder era monopolizado pelo clero; tanto que o termo *Igreja*, segundo não poucas testemunhas importantes do século VIII ao século X, é um termo do qual, na prática, o clero se apropriou. Um exemplo: um importante autor daquele tempo, Floro de Lyon, afirmava: "A Igreja consiste principalmente nos sacerdotes" (*Ecclesia quae in sacerdotibus maxime constat*)[118]. E mais significativo é o texto que nos deixou o belicoso Papa João VIII: "A Igreja não é outra coisa senão o povo fiel, mas é acima de tudo o clero que é identificado com esse nome" (*Quia ecclesia nihil aliud est nisi populus, sed preacipue clerus censetur hoc nomine*)[119].

Nesse contexto, o clero tomou uma série de decisões que, em questões importantes, vigoraram até o século XX. Por exemplo: a partir do século VIII, as orações da missa (o Cânon) eram ditas em voz baixa, em latim, pelos sacerdotes, uma

---

117. BROWN, P. *Op. cit.*, p. 1.037-1.038.

118. DE LYON, F. *Capitula*. PL 119, 421 C.

119. Epístola 5. *In: Monumenta germaniae historica*. Munique: Bayerische Staatsbibliothek, 2004, v. 7, p. 332.

língua que o povo já não entendia, em detrimento das línguas vernáculas que as pessoas entendiam. Além disso, foi naquele tempo que os sacerdotes começaram a rezar a missa de costas para o povo. Foi também a partir de então que começaram a ser rezadas as missas individuais, ou seja, ditas por um sacerdote sozinho, sem fiéis nem coroinhas, numa pequena capela. Essas missas se multiplicaram Igreja afora, sobretudo nos mosteiros. Assim a liturgia passou a ser um ato exclusivo dos sacerdotes, da qual o fiel passiva, obediente e pacientemente podia participar ocupando-se com outras orações[120].

Além disso, essas mudanças litúrgicas se degeneraram em um autêntico negócio econômico para o clero. Na Igreja dos primeiros séculos os fiéis levavam determinados tipos de oferendas ao altar, que após a celebração eram distribuídas segundo as necessidades das pessoas. Quando a Igreja passou a ser monopolizada pelo clero, os eclesiásticos trocaram as oferendas da Igreja primitiva por uma importância em dinheiro a ser paga pelos fiéis leigos. Um costume clerical que também se impôs aos outros sacramentos e celebrações religiosas: batizados, bodas, confirmações, enterros, festividades de cidades, de povos e paróquias etc.

Em suma: estamos diante de práticas que alcançaram níveis escandalosos. Para termos uma ideia do que isso representou nos séculos subsequentes basta lembrar que foram criadas as "missas gregorianas", que eram (e seguramente continuam sendo) mais caras do que as missas ordinárias. Trata-se de missas celebradas durante trinta dias seguidos, em favor da alma no

---

120. CONGAR, Y. *L'Eglise de Saint Augustin à l'époque moderne. Op. cit.*, p. 57. Cf. CONGAR Y. *L'Ecclésiologie du haut Moyen-Age.* Paris: Cerf, 1968.

purgatório de um defunto. As missas ordinárias, que tinham um preço menor, eram rezadas pelo clero de uma forma mais sucinta. Quando, mais tarde, Lutero viajou para Roma, enquanto fiel ainda ao papado e à Santa Sé, "ficou surpreso com a rapidez com que seus colegas sacerdotes rezavam a missa, pois, ao serem pagos, conseguiam rezar seis ou sete missas antes que Lutero chegasse ao fim da primeira"[121]. E, como se isso fosse pouco, muito mais escandaloso era o negócio das indulgências promovidas pelo Papa Leão X, no intuito de angariar dinheiro para construir a basílica de São Pedro de Roma[122].

---

121. ROPER, L. *Martin Lutero. Renegado y Profeta*. Barcelona: Taurus, 2017, p. 75.

122. Na verdade, as "indulgências" eram importantes já no século XIV, no pontificado de Clemente VI, que, na bula *Unigenitus*, em 1343, surgiram como oferendas de gratidão. Mas, na prática, acabaram sendo um grande negócio econômico para o clero. No pontificado de Leão X, o comércio das indulgências aportou somas importantes de dinheiro, aplicadas na construção da basílica de São Pedro, no Vaticano. Cf. MACCULLOCH, D. *Historia de la Cristiandad*. Barcelona: Debate, 2011, p. 596-597; 652-653.

28

O poder do papado

Se o poder acumulado pelo clero tomou conta da Igreja, mais perigoso ficou o poder que o papado atribuiu a si mesmo, sobretudo a partir do pontificado de Gregório VII, no século XI. Esse Sumo Pontífice se apropriou não apenas dos poderes que lhe pareciam mais decisivos no interior da Igreja (nomeação de bispos, canonizações de santos, direitos e deveres do clero etc.), mas de muitos outros de ordem civil e política, inclusive em âmbito mundial, que extrapolavam a importância e o prestígio do papado.

Para tanto, basta ler o *Dictatus Papae*, um estranho documento de poder e autoridade máxima inspirado e aprovado pelo próprio Gregório VII. Nesse documento se encontram afirmações tão taxativas como estas: n. 8: "Somente o papa tem o direito de usar insígnias imperiais"; n. 9: "Somente o papa tem o direito a que os príncipes lhe beijem os pés"; n. 18: "Ninguém tem o direito de renegociar sua decisão; ele é o único que tem o direito de renegociar as decisões dos outros"; n. 19 "Ele não pode ser julgado por ninguém"[123].

Em resumo: nos séculos XI e XII, do pontificado de Gregório VII ao de Inocêncio III, a ideia obsessiva que dominou na Igreja foi o tema e o problema do poder papal. Um problema que dominou o interesse e a atenção dos papas e de seus teólogos, até

---

123. O texto completo das 27 sentenças pontifícias de Gregório VII está em: KÜNG, H. *El Cristianismo*: esencia e historia. Madri: Trotta, 1997, p. 394.

culminar na convicção do papado de ser o possuidor da *plenitudo potestatis*, ou seja, "o poder monárquico e total", privilégio do papa como "vigário de Cristo-Sacerdote e Rey"[124]. Potestade plena que residia no Romano Pontífice, expressa com toda a sua força na bula *Unam sanctam,* do Papa Bonifácio VIII, em 1302. A formulação papal não admite escapatória: "Declaramos, afirmamos e definimos que a submissão ao Romano Pontífice por parte de toda humana criatura é de necessidade absoluta para a salvação"[125]. Mesmo que essa afirmação não fosse uma definição dogmática, sem dúvida era a expressão mais clara e determinante do pensamento dominante na Igreja, sobretudo nas últimas décadas da Idade Média. Daí a afirmação tremenda do teólogo espanhol Álvaro Pelayo (morto em 1349): "O papa tem na terra toda a potestade tida por Cristo"[126].

Se tudo isso for pensado não apenas a partir da teologia, mas a partir da totalidade do que se pensava e se vivia no ocaso da Idade Média, então estamos diante de uma Igreja na qual o Evangelho de Jesus já não pode representar mais nada. Religião, riqueza e poder haviam alcançado o seu auge numa instituição, a Igreja, que tinha sua origem no Evangelho e que tinha por missão torná-lo presente no mundo. Em vez do Evangelho, no entanto, era o poder total, tanto religioso quanto político, que se fazia avassalador. Tão avassalador, que nem os papas, nem os bispos, nem os teólogos puderam dar-se conta e, menos ainda, prever as consequências de tal visão eclesiástica e teológica do poder e da riqueza.

---

124. Cf. CONGAR, Y. *L'Eglise de Saint Augustin à l'époque moderne. Op. cit.,* p. 185-188.

125. Bula *Unam sanctam.* Cf. HÜNERMANN, P.; DENZINGER, H. *Enchiridion,* n. 87, p. 381.

126. *De Planctu,* I, art. 13. Cf. CONGAR, Y. *L'Eglise de Saint Augustin à l'époque moderne. Op. cit.,* p. 279.

De fato, em uma sociedade na qual a Igreja tinha essa convicção de seu poder – aceito pelos fiéis como "aquilo que tinha de ser" –, houve decisões cujas consequências foram vistas – e continuam sendo – como injustiças que clamam ao céu, percebidas hoje como atrocidades insuportáveis e ultrajantes. Ofereço abaixo dois exemplos eloquentes: o do Papa Nicolau V, em meados do século XV, e o do Papa Alexandre VI, no ocaso do mesmo século.

Por mais absurdo que hoje nos pareça, no dia 8 de janeiro de 1454 o Papa Nicolau V fez uma doação surpreendente e inacreditável, mas coerente com a teologia que se havia desenvolvido desde Gregório VII: nada mais, nada menos do que a doação de todos os reinos da África ao rei de Portugal Enrique IV, de Castela. O papa justificou tal doação fazendo uso da "plenitude de sua potestade" apostólica[127]. Assim, e ciente do que fazia, o Papa Nicolau V concedeu ao rei de Portugal "a plena e livre faculdade de apropriar-se, para si e para os seus sucessores, e de aplicar para os seus usos e interesses"[128] todos os reinos, principados, domínios, possessões móveis e imóveis das populações da África, com o direito de invadir, conquistar e submeter à escravidão perpétua essas populações[129].

Nesse documento oficial do papa já não se trata simplesmente de legitimar uma situação de fato, pois, ao conceder ao rei de Portugal o direito de apropriar-se e de fazer seus escravos todos os cidadãos de um continente, vai muito além disso. E

---

127. "*auctoritate apostolica et ex certa scientia, de apostolicae potestatis plenitudine*" (Bula Romanus Pontifex. *Bullarium Diplomatum et Privilegiorum Sanctorum Romanorum Pontificum*, Turim, 1860, v. 5, p. 113).

128. "*sibi et succesoribus suis applicandi... et succesoribus suis.... plenam et liberam, inter caetera, concessimus facultatem*" (*Ibid.*).

129. "*invadendi, conquirendi, ... el subiugandi, illorumque personas in perpetuam servitutem redigendi*" (*Ibid.*).

112

essa generosa e estravagante doação foi reiterada e reconhecida pelo "breve" *Dudum pro parte*, do Papa Leão X (1516) e pela bula *Aequum reputamus*, do Papa Paulo III (1634). O presente da África a Portugal, baseado na teologia da *plenitudo potestatis*, e garantido por três papas (Nicolau V, Leão X e Paulo III) é um fato histórico que, por mais injusto e absurdo que nos pareça, deixa evidente o papel e a influência do papado na história do colonialismo. Não se trata aqui de afirmar que a Igreja inventou o colonialismo ou que ela tenha capitaneado impérios poderosos contra populações pobres e indefesas, mas é indiscutível que a Igreja, pela palavra do Romano Pontífice, justificou e tranquilizou as consciências dos invasores e fomentou a injustiça.

E a "generosidade" pontifícia em favor de Portugal se agigantou em relação à Espanha. É conhecida a série de documentos por meio dos quais o Papa Alexandre VI doou aos reis espanhóis ilhas e terras firmes descobertas ou a descobrir. Além disso, o papa separou o domínio das coroas espanhola e portuguesa ao longo de uma linha imaginaria que passava a cem léguas a leste e ao sul das ilhas dos Açores e das ilhas de Cabo Verde[130]. Esse disparate não foi apenas o começo dos perigosos despropósitos que subsequentemente aconteceram, já que, em sua bula *Inter caetera* (4 de maio de 1493), Alexandre VI reconhecia que, nas terras descobertas, havia ouro, aromas e muitíssimas outras coisas preciosas[131].

Ora, o Papa Alexandre VI se considerou com poder e autoridade de doar tudo o que era descoberto aos reis da Espanha,

---

130. Cf. AUBERNAS, R.; RICARD, R. *L'Église et la Renaissance*. Paris: Bloud & Gay, 1951, v. 15, que remete a MANSO, P. *Historia eclesiástica ultramarina*. Whitefish: Kessinger Publishing, 1872, v. 1, apêndice, p. 124.

131. "*In quibus quidem insulis et terris iam repertis, aurum, arómata et aliae quamplurissime res pretiossae reperiuntur*" (Bula Inter Caetera, 3. *Bullarium...*, Turim, 1860, v. 5, p. 362).

"com liberalidade, com pleno conhecimento e em virtude da plena potestade apostólica"[132]. E, além disso, tomou a decisão de tal maneira que concedeu aos reis católicos "a plena, livre e total potestade, autoridade e jurisdição"[133].

O que é grave de verdade em toda esta temática é que os reis católicos da Espanha e de Portugal, convencidos de que os novos continentes descobertos lhes pertenciam e amparados "pela autoridade de Deus onipotente, que nos concedeu o bem-aventurado Pedro"[134], sentiram-se no direito e na autoridade de destruir impérios e culturas, dominar com poder absoluto milhões de seres humanos e apoderar-se dos bens daqueles povos, fazendo uso, para tanto, da guerra, da perseguição e de matanças massivas. Esses patéticos e miseráveis fatos são suficientemente conhecidos e, portanto, não é necessário explicá-los aqui.

É bem verdade que os papas, ao tomarem essas decisões, afirmavam que faziam, aprovavam e justificavam tais violências para que assim os reis pudessem propagar a fé cristã em terras desconhecidas e recentemente descobertas[135]. O que não se entende, porém, é que, para propagar a fé cristã, fosse necessário despojar de seus bens os que viviam pacificamente com eles, e usando para tanto a violência, o derramamento de sangue e, em não poucos casos, o extermínio. Compreendemos menos ainda que tudo isso fosse permitido, aprovado e justificado pelo Vigá-

---

132. "*De nostra mera liberalitate et ex certa scientia, ac de apostolicae potestatis plenitudine*" (*Ibid.*, p. 363).

133. "*cum plena, libera et omnímoda potestate, auctoritate et iurisdictione facimus, constituimus et deputamus*" (*Ibid.*).

134. "*auctoritate omnipotentis Dei, nobis in beato Petro concessa*" (*Ibid.*).

135. Cf. *Bullarium*, v. 5, p. 362-363, como anteriormente Nicolau V, cf. *Bullarium*, v. 5, p. 112.

rio de Cristo, baseando-se, para tanto, na presumível *plenitudo potestatis* que Deus havia concedido a São Pedro.

Também é verdade que houve notáveis teólogos católicos, como Francisco de Vitória e Roberto Belarmino, que se opuseram ao poder absoluto do papa; mas também eles foram postos no *Índice de autores proibidos* justamente por negarem o poder absoluto do papa em assuntos temporais e em âmbito universal. Francisco de Vitória o formulou com grande precisão e clareza: "o papa não tem nenhum poder em relação a um fim temporal que seja um mero poder temporal"[136].

Obviamente, reconhecemos o comportamento exemplar da Igreja quanto à evangelização de continentes inteiros, como também é exemplar o aporte cultural que Portugal e Espanha fizeram na África e, com mais generosidade, na América Latina. Mas a difusão do Evangelho e da cultura não podem justificar a imoralidade de apoderar-se dos bens dos que eram evangelizados. E menos ainda dominar as pessoas até convertê-las de seres humanos em escravos, caçados a laço na África e vendidos como mercadoria na América. Lógico, eram vendidos os que chegavam vivos, pois:

> Os negros morriam rapidamente, e apenas em casos excepcionais conseguiam suportar sete anos contínuos de trabalho. Antes de cruzarem o Atlântico, todos eram batizados pelos Portugueses. E, no Brasil, eram obrigados a assistir à missa, embora proibidos de entrar na capela maior ou de sentar-se nos bancos[137].

---

136. "*In Papa nulla est potestas qua ordinetur ad finem temporalem, quae est mere temporalis potestas*" (*Relectiones tredecim*, seção VI, n. 8).

137. GALEANO, E. *Las venas abiertas de América Latina*. Madri: Siglo XXI, 1990, p. 85.

De forma alguma pretendo apresentar aqui uma história das atrocidades que a Europa cometeu na África e na América nos séculos finais da Idade Média e nos inícios do Renascimento. Limitar-me-ei a lembrar alguns casos que colocam em evidência o papel que a Igreja desempenhou naquelas exorbitantes atrocidades. É evidente que houve missionários (mulheres e homens) que foram pessoas exemplares, heróis, autênticos santos e santas, e que a generosidade dessas pessoas deve ser reconhecida. Mas creio também que é necessário destacar o papel escandaloso da Igreja nessa história que, aliás, mais deveria nos envergonhar.

Que papel representou a Igreja, especialmente o papa e seus teólogos? De fato, eles se converteram em legitimadores daquelas atrocidades ao fundamentar-se em teologias indemonstráveis, de forma que reis e governantes da poderosa Europa conseguissem roubar, matar e apropriar-se de países inteiros, e cometendo semelhantes atrocidades "em boa consciência". Com certeza tais atrocidades poderiam ter sido cometidas sem as bulas pontifícias e sem a aprovação da teologia, mas essa é uma hipótese. O fato é que sabemos o que aconteceu.

A religião justificou, portanto, a violência, as atrocidades do poder e da riqueza. Uma Igreja fiel ao Evangelho teria tolerado tantas injustiças? O Deus que Jesus nos apresentou e nos explicou no Evangelho teria algo a ver com o Deus da religião que concedeu aos papas e aos seus teólogos a "plenitude de poder" causador de tanto sofrimento, de tanta injustiça e de tanta morte?

29

A bondade e a humanidade de Deus

O Deus que Jesus apresenta no Evangelho é o Pai de bondade, que acolhe – e quer que acolhamos sempre – os outros, sobretudo os que mais sofrem. Esse é o Deus que vai nos julgar no juízo definitivo (Mt 25,34-40). E assim é o Deus que aparece no "mandamento novo" que Jesus deu aos seus discípulos na ceia de despedida: "Dou-vos um mandamento novo: que vos ameis uns aos outros" (Jo 13,34), de forma que "nisto todos reconhecerão que sois meus discípulos" (Jo 13,35).

Em que consiste a novidade desse mandamento último, definitivo e único que Jesus impôs aos seus seguidores? Nos evangelhos de Marcos, Mateus e Lucas, o mandamento supremo é o do "amor a Deus" (Mc 12,28-34; Mt 22,34-40; Lc 10,25-28). O Evangelho de Marcos considera o "amor ao próximo" inseparável do "amor a Deus" (Mc 12,31-33). Isso significa que não é possível amar a Deus se não se ama igualmente o próximo[138].

Esse "mandamento novo" é capital no Evangelho, pois é frequente, frequentíssimo, encontrar nos ambientes religiosos e clericais pessoas muito religiosas que se imaginam desejosas de Deus, mas simultaneamente desprezam e até odeiam alguns de seus semelhantes. Esse é um dos grandes enganos de muitos

---

138. Cf. MARUS, J. *El Evangelio según Marcos*. Salamanca: Sígueme, 2011, v. 3, p. 967-969; BUTCHARS, C. Das doppelte Liebesgebot. *In: FS Jeremias* (1970), p. 39-62.

que "batem no próprio peito com as mãos" acusando um ato ritual de "*mea culpa*", mas geralmente inoperante.

O Evangelho vai muito além disso e oferece um aprofundamento maior, surpreendente. João, por exemplo, publicado depois dos três sinóticos, não relata a instituição da Eucaristia no momento em que Jesus se despedia de seus discípulos, na última ceia. Naquele momento de despedida, o evangelista nos diz que Jesus anunciou a seus seguidores o "mandamento novo" (Jo 13,34). É curioso e chama a atenção o fato de que Jesus tenha esperado até o fim, a noite de sua despedida, para informar e recomendar aos seus discípulos esse mandamento novo. Por que novo? Em que consistia essa novidade?

Jesus, ao despedir-se, disse-lhes: "Como eu vos amei, vós também amai-vos uns aos outros". Aqui Deus desaparece. E tudo se reduz ao amor, ao carinho, à bondade de uns para com os outros. A ponto de Jesus concluir: "Nisto todos reconhecerão que sois meus discípulos: no amor que tiverdes uns para com os outros" (Jo 13,35). Somente assim estaremos "na luz". Em não sendo assim, nossa vida será envolta "em trevas", e viveremos às cegas (1Jo 2,9-11)[139]. Quem caminha neste mundo dessa forma não sabe e nem pode saber para onde vai, por mais títulos e cargos que tenha. Pode ser um famoso ou uma famosa, mas não passa de um cego que sequer sabe onde está. É que, em última análise, só o amor é digno de fé.

A conclusão é forte e subversiva: o cristão autêntico não é reconhecido por sua religiosidade, mas por sua humanidade. O que Jesus fez para nos revelar o Deus cristão? A carta aos fili-

---

139. ZUMSTEIN, J. *El Evangelio según Juan. Op. cit.*, p. 66-67. Cf. BAUNGARTEN, J. *Kainós*, DENT II, col. 2137-2138.

penses, em um dos textos mais ousados e geniais do Novo Testamento, o diz com clareza e força: Jesus, "subsistindo na condição de Deus, não se apegou à sua igualdade com Deus, mas esvaziou-se a si mesmo, assumindo a condição de escravo [*morphèn doulou*], fazendo-se solidário com os homens" (Fl 2,6-7).

Sejamos coerentes e ousados: Deus se nos deu a conhecer não em sua grandeza, mas despojando-se de tudo o que é sublime, grandioso e onipotente, fazendo-se um de nós. Assim, quando não temos mais nada que nos faça brilhar, o que nos resta? Resta a nossa condição humana. Somente sendo e vivendo como seres profundamente humanos – somente assim – é possível apresentar e representar a Deus.

Isso, sem tirar nem pôr, é o que Jesus fez e viveu. E nós, mortais, teríamos condições de querer concertar o plano de Jesus? É o que – certamente sem dar-se conta – fez a religião, acrescentando solenidades, riquezas e poder àquele "projeto". Entretanto, já estamos vendo onde isso vai parar. Por esse caminho não se vai a parte alguma. Só o Evangelho pode nos libertar da cegueira em que vivemos. Uma cegueira às vezes desconhecida por nós mesmos. A religiosidade nos cega porque tranquiliza e pacifica nossas consciências, de modo que nossas observâncias religiosas acabam se constituindo em "um fim em si mesmo"[140].

Não há dúvida de que a religiosidade – seja ela qual for – é socialmente considerada um fator positivo. Além disso, ela leva o sujeito religioso a ver-se como uma "pessoa boa". E, para completar, uma pessoa religiosa (em geral) pensa na morte e na "outra vida" com paz e esperança.

---

140. THEISSEN, G. *La religión de los primeros cristianos. Op. cit.*, p. 152.

Entretanto, tão certo como acabo de indicar, a religiosidade (com muita frequência) não é o equivalente à humanidade, à bondade, à honestidade, à transparência, ao respeito, à tolerância... E, se julgarmos todas essas temáticas do ponto de vista cristão, a religiosidade, que se sobrepõe à humanidade, faz do cristianismo uma fonte inesgotável de contradições e enganos. Como é possível pregar o Evangelho a partir de um palácio episcopal? Como é possível falar (desavergonhadamente) do seguimento de Jesus na pompa e na grandeza de uma catedral? Seria possível garantir que os clérigos são os mais exemplares seguidores de Jesus, da forma como o Evangelho apresenta esse seguimento? Além disso (e sobretudo), seria possível afirmar, do jeito como andam as coisas, que os países "mais cristianizados" – que costumam ser os mais poderosos e industrializados – são os melhores exemplos em face da premente necessidade de um mundo mais justo no qual ninguém precise morrer de fome?

Por que essas perguntas – e tantas outras – permanecem sem respostas? Essas perguntas e todas as que podemos fazer sobre a Igreja nos levam direta e inevitavelmente a uma conclusão tão desagradável quanto desconcertante: na Igreja fundiram-se e confundiram-se religião e Evangelho, de forma que a Igreja optou pela religião, incorporando a si os relatos do Evangelho como uma prática mais própria da religião.

A consequência foi viver na confusão. Queremos viver evangelicamente por meio da fidelidade à religiosidade, que produz um resultado não apenas desconcertante, mas, sobretudo, contraditório. Isso porque não podemos – nem devemos – esquecer que a religião não foi capaz de suportar o Evangelho; tanto que, bem o sabemos, foi a religião que matou Jesus. O que significa dizer que religião e Evangelho são incompatíveis.

120

30
O Evangelho, um "projeto de vida"

Talvez isso explique por que, com tanta frequência, lemos livros e ouvimos homilias que falam maravilhas do Evangelho e da vida de Jesus. Entretanto, também sabemos que quem diz coisas tão evangélicas às vezes vive no antípoda do Evangelho enaltecido.

O resultado dessa contradição é bastante conhecido. Sabemos que na Igreja o que acabou se impondo foi a religião, que integra em si mesma o Evangelho; não um Evangelho vivido, mas reduzido a uma cerimônia mais do ato religioso, ou seja, da missa. Tendo presente que o Evangelho não é um cerimonial sagrado, tampouco uma história como normalmente se costuma entender esse termo, o que seria então, em última análise, esse Evangelho?

Existe algo de que já falei neste livro e que não cessarei de repetir: o Evangelho é a recompilação de relatos que nos apresentam e propõem uma forma de viver ou, se preferirmos, um projeto de vida. O mais determinante não é sua historicidade, mas sua significação. O que interessa não é se o que é relatado aconteceu ou não, mas insistir que o mais determinante nessa recompilação de relatos é apresentar-nos a maneira como devemos viver, ou, dito com mais exatidão, como deveria ser a nossa forma de vida.

Por isso é tão importante ter bem claros os dois componentes do relato, que são: 1) a "história contada" no relato; 2) a "enunciação" (a exposição do conjunto de dados que compõem o problema) presente nessa "história". A "análise narrativa" distingue esses dois componentes, sempre indissociáveis, da mesma forma que a "linguística" estabelece, em toda palavra que pronunciamos, a diferença entre o "significante" e o "significado"[141]. Isso, em última análise, significa que, no Evangelho, o que mais interessa não é a "historicidade" de cada relato, mas a "significação" daquilo que se relata.

Nas origens da Igreja, como já fiz referência, a religião de redenção foi pregada e praticada ao longo de mais de trinta anos antes do surgimento e da difusão dos evangelhos. Paulo de Tarso antecipou-se aos evangelistas, embora não tivesse conhecido nem se interessado por aquilo que Jesus disse e viveu. Paulo, no caminho de Damasco, conheceu o Cristo ressuscitado (At 9,1-6). O Jesus da história já não existia mais, e o próprio Paulo chegou a afirmar, como já mencionei, que o conhecimento de Cristo "segundo a carne" não lhe interessava (2Cor 5,16). Por isso é possível afirmar que Paulo foi o primeiro grande apóstolo da Igreja e, nesse sentido, seu fundador. Mas insisto que Paulo não embasou a Igreja no Evangelho; ele fez da Igreja uma "religião de redenção"[142].

Essa primeira compreensão e interpretação do cristianismo se explica se levarmos em conta que o pensamento dominante naquele tempo não era o pensamento social, mas o pensamento filosófico, proveniente da Grécia clássica. Daí a importância que teve a doutrina da *homoiosis*, da "assimilação" a Deus, formulada primeiro por Platão em uma famosa passagem do *Teeteto* (176 B), da qual fariam eco constantemente todos os platônicos

---

141. MARGUERAT, D.; BOURQUIN, Y. *Cómo leer los relatos bíblicos* – Iniciación al análisis narrativo. *Op. cit.*, p. 37-38.

142. BORNKAMM, G. *Pablo de Tarso. Op. cit.*, p. 291.

daquele tempo, tanto pagãos quanto cristãos[143]. Mas tratava-se da assimilação a Deus, não da identificação com o divino[144].

Obviamente, com esses condicionamentos filosóficos e culturais, o pensamento teológico dos cristãos focalizou mais o "ser" (natureza) de Cristo do que a reflexão sobre a "vida" de Jesus. Compreende-se melhor assim o que mencionei antes: os esforços teológicos da Igreja, nos séculos III e IV, centraram-se mais nos problemas derivados da filosofia grega do que na forma de vida pautada pelo Evangelho.

Essa intensa e prolongada preocupação teve uma consequência importante para a teologia cristã. Os temas que interessaram aos teólogos e, sobretudo, ao magistério oficial da Igreja foram os conceitos de "natureza", "essência", "substância" e "pessoa" (*fisis, ousía, hipóstasis, prósopon*)[145]. Isso é compreensível pela simples razão de que é mais fácil e mais cômodo discutir sobre "especulações teóricas" do que confrontar-se com a "forma de vida" de Jesus e que, como cristãos, deveríamos ter em nossas relações com os outros, sobretudo neste mundo tão desigual, injusto e violento em que vivemos.

Não nos limitemos, porém, a essa constatação elementar, que está ao alcance de quem quer que se debruce sobre o tema. Existe algo muito mais determinante. Se pensarmos com cuidado (e sinceridade) no "fato religioso", confrontando-o com o "fato evangélico", comprovaremos que existem importantes diferenças entre os dois fenômenos, e que vale a pena analisá-los mais a fundo.

---

143. DODDS, E. R. *Paganos y cristianos en una época de angustia. Op. cit.*, p. 105.

144. Cf. *Ibid.*, p. 105-106.

145. SOTOMAYOR, M. Controversias doctrinales de los siglos V e VI. *In*: SOTOMAYOR, M.; UBIÑA, J. F. *Historia del Cristianismo*. Madri: Trotta, 2003, v. 1, p. 600-601.

31
O fato religioso e o fato evangélico

As diferenças entre religião e Evangelho são mais profundas e determinantes do que seguramente imaginamos. Uma delas é que o "fato religioso" tem um poder sedutor que o "fato evangélico" não tem.

Na religião os ritos são essenciais e determinantes. Eles defendem do medo, que mergulha o indivíduo no caos. Um caos psíquico, mas também um caos destruidor (Sigmund Freud). Uma pessoa religiosa, que cumpre ao pé da letra o rigor do rito, sente-se certamente em paz mesmo que em sua vida haja zonas obscuras, visto que o rito se encarrega de libertar do medo[146]. Por isso os ritos religiosos são tão sedutores aos olhos das pessoas religiosas.

Contrariamente, o fato evangélico não é sedutor, mas exigente. Embora haja no mundo sofrimento (por motivos de saúde, pobreza, escravidão, violência, desamparo...), uma pessoa que leva a sério o Evangelho será sempre uma pessoa que compartilha o sofrimento dos outros, conforme sua forma de vida, seu nível de egoísmo ou generosidade e assim por diante. Sem dúvida, o fato religioso é mais sedutor do que o evangélico. Não acontece com frequência vermos pessoas importantes se vestirem luxuosamente para participar de um ato religioso

---

146. THEISSEN, G. *La religión de los primeros cristianos. Op. cit.*, p. 151-153.

solene e que, por outro lado, ignoram e até tratam com desprezo pessoas maltrapilhas e desamparadas?

A conclusão é clara: um indivíduo pode ser ao mesmo tempo muito religioso e muito rico. Mas, ainda que cumpra toda a Lei, se não estiver disposto a encontrar sua riqueza em Deus – e somente nele – não lhe resta outro remédio senão se contentar com a riqueza proporcionada pelo dinheiro, pelos negócios, pelos empreendimentos etc. E quem opta por esse caminho na vida obviamente abandona o seguimento de Jesus. O relato do "homem rico" (Mc 10,17-22; Mt 19,16-22; Lc 18,18-23), neste particular, é paradigmático. Aquele homem era muito religioso, mas não quis ser evangélico. Tão simples e tão forte!

Além disso – e me parece o mais importante –, quando uma pessoa, uma família, um país, a sociedade inteira cede e aceita o poder sedutor do fato religioso, até pode vir a ser, em termos de sociedade, respeitadora dos direitos humanos, mas muito provavelmente não deixará de ser uma sociedade que aceita e aprova as desigualdades, as injustiças e a violência bruta que emerge do capitalismo e o perpetua. Como já mencionamos anteriormente, muita gente desconhece que as raízes do capitalismo eram, direta ou indiretamente, justificadas por teólogos católicos da Idade Média tardia.

O processo de transformação do Evangelho em religião não tardou a ser implementado. Poucos anos depois do fim da elaboração do quarto evangelho, o de João – fim do século I[147] –, Plínio, o Moço, governador da Bitínia (ao norte da Ásia Menor), escreveu uma carta ao Imperador Trajano na qual informava ter

---

147. ZUMSTEIN, J. *El Evangelio según Juan. Op. cit.*, p. 44.

encontrado alguns cristãos que se reuniam semanalmente para cantar um hino em louvor a Cristo, seu Deus[148]. Os dados, que Jungmann analisa em seu extenso volume *Missarum sollemnia*, demonstram claramente que, já no começo do século II, os cristãos eram reconhecidos como uma nova religião.

Poucos anos mais tarde, por volta do ano 150, o filósofo e mártir Justino escreveu a primeira apologia conhecida sobre a Eucaristia[149]. Também é um fato que, durante o século II, foram se difundindo os "evangelhos apócrifos", provocando confusões e extravagâncias que não contribuíram para o conhecimento e o seguimento da forma de vida que Jesus viveu e ensinou. Além disso, até o ocaso do século IV não se havia fixado ainda o cânon dos 27 livros do Novo Testamento, e a "literatura apócrifa" não tinha sido totalmente eliminada do Novo Testamento – nas comunidades latinas – até o fim da Idade Média[150].

Em todo o primeiro milênio e até os anos mais criativos da teologia cristã, entre os séculos XII e XIII, produziu-se na Igreja um fenômeno tão surpreendente quanto eloquente. Por um lado, a Igreja conservou e transmitiu o Evangelho autêntico, excluindo e marginalizando tudo o que provinha dos escritos apócrifos. Esse é um fato de máxima importância na existência e razão de ser da própria Igreja. Além disso, essa fidelidade e firmeza na conservação do Evangelho autêntico foi o serviço mais importante que a Igreja prestou – e continua prestando – à humanidade. Isto, sobretudo!

---

148. JUNGMANN, J. A. *El Sacrificio de la Misa. Op. cit.*, p. 41-42.

149. Cf. *Ibid.*, p. 47-48.

150. KAESTLI, J. D. Historia del canon del Nuevo Testamento. *In*: MARGUERAT, D. (org.). *Introducción al Nuevo Testamento*. Bilbao: Desclée de Brouwer, 2008, p. 469.

Entretanto, também é verdade que, com o passar do tempo, a Igreja foi aceitando e incluindo na gestão, na organização e no funcionamento de seu governo e apostolado uma quantidade notável de cargos, instituições, normas e leis que não são oriundas do Evangelho nem estão de acordo com ele. Além disso, existe também na Igreja uma notável quantidade de normas, cargos, títulos e práticas abertamente contrárias ao que Jesus de Nazaré fez, disse e deixou disposto como mandatos e obrigações determinantes aos seus seguidores e discípulos.

É evidente que, ao abordar esse complexo assunto, não pretendo ser exaustivo, tampouco se trata, obviamente, de desprestigiar a Igreja. Por isso limitar-me-ei ao que, a partir do meu ponto de vista, está causando danos à Igreja e limitando ou mutilando seu serviço.

É um engano pensar que a Igreja foi se desviando – ou se pervertendo – em tempos relativamente recentes. O desvio e a perversão vêm de longe. E, ao falar dessa forma, não estou primordialmente me referindo a um problema ético ou de moralidade; nem sequer pretendo insinuar que os cristãos degradaram suas vidas e costumes a ponto de comportar-se como pessoas mal-intencionadas. Não me refiro à perversão das pessoas, mas à mudança tão profunda que se produziu na instituição.

32
O desvio da Igreja

Em que consistiu essa mudança ou desvio da Igreja? O ponto de partida, a base e o fundamento da Igreja estão em Jesus de Nazaré. Já afirmei alhures que o Concílio Vaticano II, na *Constituição dogmática sobre a Igreja,* denominada *Lumen Gentium* (LG 5), afirma que a Igreja "se fundamenta e teve seu ponto de partida (*initium fecit*) em Jesus". Concretamente na pregação sobre o Reino de Deus que Ele realizou, não apenas com seus ensinamentos, mas com a totalidade de sua vida, tal e qual o Evangelho no-la apresenta.

Portanto, a Igreja está presente não apenas onde se repete de forma oral o que disse e fez Jesus de Nazaré, mas sobretudo e necessariamente onde se vive, se vê e se percebe com clareza como Jesus de Nazaré viveu. Por isso o Evangelho não é só uma série de ensinamentos nos quais devemos crer. O Evangelho, além disso – e sobretudo –, é uma forma de viver que se faz presente onde se vive – enquanto possível – da forma como Jesus viveu. Ou seja, onde nós, seres humanos, organizamos nossas vidas, na atividade ou no trabalho que cada um de nós tem, de forma que sempre possamos dizer e ver em nós, naquilo que fazemos e somos, o seguimento de Jesus.

Qualquer pessoa que leu os relatos que compõem o Evangelho deve ter-se dado conta de que a forma de vida e os ensinamentos de Jesus encontraram uma resistência e uma rejeição crescente e perigosa não tanto entre os ateus ou os pecadores, mas entre os mais fiéis e fanáticos observantes da religião.

Por isso falei – e o repetirei à saciedade – que o problema que mais urge resolver na Igreja é que nela fundiu-se e confundiu-se a religião com o Evangelho, e de tal forma que, além disso, o que está mais presente na Igreja, o que mais se vê e se percebe não é o Evangelho, mas a religião.

Esse deslocamento do Evangelho para a religião deu seus primeiros e decisivos passos já nos primórdios. Aconteceu e se difundiu antes de que os quatro evangelhos reconhecidos e aceitos pela Igreja tivessem sido elaborados. Como já falei anteriormente, foi o Apóstolo Paulo que, sem conhecer o Evangelho de Jesus, difundiu uma religião de redenção[151], orientada mais para a salvação eterna do que para a conduta de humanidade e bondade, ensinada e exemplificada por Jesus.

Compreende-se assim que, relativamente cedo, já no século III, a religião se tenha sobreposto ao Evangelho. Nos séculos II e III a religião de redenção difundida por Paulo e a inevitável insegurança produzida pelos evangelhos apócrifos seguramente debilitaram a presença do Evangelho nas comunidades da Igreja, e a religião foi se robustecendo e unificando. Esta é a constatação do Professor Joseph Jungmann: "no século III [...] há muitos indícios de que havia na Igreja universal uma certa norma unificadora das linhas gerais, isto é, um conjunto formado pelo costume, ainda bastante flexível, que consistia em disposições sobre a ereção e organização de templos, sobre o tempo e a forma do culto"[152]. "Templos" e "forma do culto"

---

151. BORNKAMM, G. *Pablo de Tarso. Op. cit.*, p. 291-292.

152. JUNGMANN, J. A. *El sacrificio de la misa. Op. cit.*, p. 60-61.

são elementos constitutivos importantes da religião. Mas aqui estamos apenas nos primórdios. É no século III, no entanto, que a religião começa a ter força e presença na Igreja, e o faz às custas do Evangelho. De fato, já nos inícios do século III começa a acentuar-se e a adquirir força o vocabulário sagrado para designar os dirigentes da Igreja, os ministros do culto. Basta lembrar que, nas obras de Tertuliano, a palavra *"sacerdos"* aparece 97 vezes, e que pelo menos em 8 vezes ela é usada para identificar o bispo[153]. E foi Cipriano (bispo de Cartago) que introduziu na Igreja a terminologia própria da religião, como se pode constatar com evidência em sua abundante correspondência (81 cartas).

De fato, é na primeira metade do século III que foi sacralizada a função do ministério eclesiástico. A partir de então já não se fala mais de *serviço*, mas de *honor, dignitas* e *potestas*: honra, dignidade e potestade[154]. Sem dúvida, o Evangelho começou a ficar deslocado e, em seu lugar, a religião foi se tornando determinante nas ideias e nas práticas da Igreja.

Em meados do século III Cipriano se lamentava, em um texto patético, da situação de prostração em que vivia a Igreja:

> Cada qual busca aumentar sua propriedade e, esquecendo-se da pobreza que os fiéis praticavam no tempo dos apóstolos [...], não tinham outra inquietação

---

153. Detalhadamente indiquei os textos de Tertuliano neste sentido em outra obra: CASTILLO, J. M. *Para comprender los ministerios de la Iglesia.* Estella: Verbo Divino, 1993, p. 51. Além disso, a *Didascalía* afirma que "o primeiro sacerdote e levita é o bispo, que preside em representação de Deus", *In: Didasc.*, XXVI. 4. ed. Funk, p. 104.

154. CIPRIANO. *Epist.* 15,1: CSEL, 514; CSEL, 514,5; *Epist.* 16,3; CSEL, 519,17; *Epist.* 17,2; CSEL, 522,5; *Epist.* 33,1; CSEL 566,3; *Epist.* 37,2; CSEL 577,7; *Epist.* 43,3; CSEL 592,26.

senão a de acumular bens, com uma abrasadora e insaciável cobiça. Não se via nos sacerdotes o zelo pela religião, tampouco uma fé íntegra nos ministros do santuário; não havia obras de misericórdia nem disciplina nos costumes[155].

Nessas condições, falava-se dos dirigentes da Igreja não como apóstolos ou discípulos de Jesus, mas como sacerdotes e clérigos[156]. No Evangelho, quando se fala de sacerdotes, sempre e sem nenhuma exceção é em referência aos ministros sagrados do Templo de Jerusalém. Jesus jamais instituiu ou designou seus discípulos como sacerdotes, e menos ainda como representantes ou membros do clero. Ao contrário, os advertiu severamente que, se quisessem ser "grandes" ou os primeiros, deviam apresentar-se como "servidores" (*diákonos*) e "servos" (*doûlos*) (Mt 20,26-27 par.).

Na Igreja, no entanto, não se cumpriu a vontade de seu fundador, Jesus, o Senhor. No Novo Testamento, sobretudo na tradição de Lucas, os apóstolos são "os representantes autorizados do Senhor" (Mc 6,7; Mt 10,2; Lc 2,32; 3,15; 5,32; 10,39; 13,31; At 1,8.22) (J. A. Bühner)[157]. Os apóstolos, no entanto, da forma como Jesus os quis, teriam que ser os "servidores" e os "servos" na Igreja e na sociedade, pois, de acordo com o pensamento de Jesus, "quem se eleva será humilhado" e "quem se humilha será exaltado" (Lc 14,11). Jesus pensava que sua

---

155. *De lapsis*, 6. CSEL 240,12s.

156. CIPRIANO. *Epist.* 1. II, 1. ed. Madri, 1964, p. 365, 409, etc.

157. BALZ, H.; SCHNEIDER, G. *Diccionario exegético del Nuevo Testamento. Op. cit.*, p. 433-434; HAHN, F. *Der Apostolat im Urchristentum* – Seine Eigenart und seine Voraussetzungen. Gottingen: Vandenhoeck & Ruprecht, 1974, p. 54-77.

mensagem evangélica, a partir dessa inversão radical do poder e do prestígio, poderia dar vida e salvar o mundo.

Entretanto, o que foi que aconteceu? A Igreja, seus dirigentes e os gestores do serviço dos apóstolos de Jesus e de seu Evangelho não tardaram muito tempo a trilhar outro caminho. De fato, já no século III, Cipriano de Cartago, em sua abundante correspondência, deixou-nos um testemunho qualificado e reiterado segundo o qual os "servidores" e "servos" que Jesus quis se fizeram clérigos, ou seja, filiaram-se ao clero. Essa palavra (como falei acima) nunca ocorre no Novo Testamento. Trata-se de um termo que provém do grego *kleros*, que significa "sorte" ou "lote", relacionado à *kleronomia*, "herança". É um termo que, portanto, expressa a ideia de privilégio ou preferência sobre os outros, e situa aquele que desfruta desse privilégio acima daqueles que não gozam dessa posição privilegiada.

É eloquente o fato de que os termos "clero" e "clérigo" apareçam repetidamente nas cartas de Cipriano, bispo de Cartago. Portanto, muitos anos antes de Constantino, o clero já havia surgido "como uma casta separada e superior de pessoas sagradas", tendo em conta que foi o laicato "aquele que queria que o clero fosse diferente. *C'est le premier pas qui coule*: é o primeiro passo que gera o fluxo. Uma vez tomada a tácita decisão de diferenciar o clero, o passar do tempo encarregou-se de impor a diferença"[158].

O fato é que dessa forma, quando mal a Igreja havia começado a organizar-se, o projeto que nasceu do Evangelho acabou se instituindo numa religião dividida e separada em

---

158. BROWN, P. *Por el ojo de una aguja. Op. cit.*, p. 1.024.

dois blocos: os clérigos, com o poder e sua correspondente dignidade, e os leigos, obrigados a submeter-se, a dobrar-se ao cumprimento de leis, normas e observâncias rituais para tranquilizar a consciência.

Esse fato, por menos que se pense nele, deixa nos fiéis fervorosos e convencidos um profundo sentimento de que devem submeter-se e prestar contas de suas consciências ao afortunado clérigo, pois, caso não levem a sério suas crenças e não as cumpram, podem confundir o pensamento de Deus com as imposições do clero. E se o leigo não cumpre o que o clero ordena, inclusive em temas de foro íntimo, compromete sua salvação. Nessa perspectiva, basta pensar em temas tão íntimos quanto delicados – que não poucos clérigos exigem –, como os desejos ou sentimentos amorosos, sexuais, políticos, de ódio... No cristianismo, todas essas questões básicas – e tantas outras – são condicionadas pelo poder e pela autoridade do clero.

Não esqueçamos que um dos componentes indispensáveis da religião é a hierarquia, pois, como foi dito alhures, "a religião é geralmente aceita como um sistema de estratos, que implica dependência, submissão e subordinação a superiores invisíveis"[159]. Daí os nomes que impuseram às divindades: o Senhor (*Belu*), em particular Marduk, o deus mais importante da Babilônia, e seu equivalente ocidental *Baal*. Com o transcorrer dos tempos e culturas, atribuiu-se a Deus os nomes e títulos mais inimagináveis, reconhecendo-o inclusive como *despotes, despoina, basileus* e *týranos*[160]. De forma que o distin-

---

159. BURKERT, W. *La creación de lo sagrado*. Barcelona: Acantilado, 2009, p. 146.

160. *Ibid.*, p. 146-147.

tivo de Deus, por longos séculos, foi a *krátos* sem limites, força que o clero possui, impõe e manipula.

Essa foi a mudança mais profunda e radical que se produziu na Igreja ao longo dos três primeiros séculos de sua existência. Desenvolvi esta parte da reflexão com o título "o desvio da Igreja", mas não se trata apenas de um desvio, já que ele carregou consigo uma inevitável "perversão".

33
O inevitável distanciamento do Evangelho

O desvio da Igreja que acabo de explicar desembocou inevitavelmente no distanciamento do Evangelho. Um distanciamento que se produziu em razão da crescente importância que o clero foi adquirindo. Esse avanço do clero fez-se patente a partir do século III, quando se consolidou na Igreja a presença e a importância de uma instituição de homens privilegiados que viviam e agiam como representantes do Todo-poderoso.

O clero impõe o que precisa ser aceito e crido, o que é necessário fazer, bem como o *quando* e o *como*. Em não sendo assim, urge recorrer ao clérigo e confessar até as próprias intimidades. Isso porque – segundo uma mentalidade que perdurou por séculos – Deus fala pelo clero, castiga segundo as imposições do clero e premia os que respeitam e se submetem ao clero. Sempre, obviamente, segundo os critérios de moralidade que o clero impõe ao laicato.

Aqui se torna possível compreender a mudança radical que em pouco tempo houve na Igreja. No transcurso dos séculos II e III o Evangelho foi sendo dominado e superado pela religião. O último dos evangelhos, o de João, passou a ser conhecido nos primeiros anos do século II. Pouco mais de um século depois, os "seguidores", "discípulos" e "apóstolos" inicialmente chamados por Jesus se tornaram "clero" e "clérigos", privilegiados, primeiros, personagens mais importantes na Igreja, muito embora Jesus tenha dito aos doze seguidores originários: "se alguém quer ser grande entre vós, seja vosso servo; e se alguém quer ser o primeiro entre vós, seja vosso escravo" (Mt 20,26-27; Mc 10,43-44; Lc 22,26-27).

O critério de Jesus é muito claro: importante na Igreja é o "servidor" (*diákonos*) e aquele que se faz "escravo" (*doúlos*) dos outros. Trata-se de um projeto que Jesus repete em diferentes ocasiões (Mt 18,1-4 par.; Mt 23,8-12). Acertadamente afirmou-se que "passagens como Mt 20,24-28 ou 18,1-4 apenas foram entendidas na história da Igreja como princípios básicos para o direito canônico"[161]. Foi inclusive possível dizer que:

> O problema é mais profundo: seria possível existir estruturas baseadas em superiores e inferiores, sacerdotes e leigos, numa Igreja que se orienta na linha de Mateus, fundamentalmente voltada para baixo, para o serviço, e não direcionada para cima, em direção ao poder?[162]

Sem dúvida, a Igreja não se *orientou* (a partir do século III), mas se *desorientou*. Por isso temos, inversamente, uma Igreja que caminha em direção contrária – em temas de máxima importância –, em direção oposta ao que Jesus quis. A Igreja foi se organizando de modo que o Evangelho, com suas exigências desconcertantes, converteu-se numa religião, com suas leis e rituais que tranquilizam as consciências, mas que ao mesmo tempo toleram, permitem e fomentam apetências e aspirações mundanas que orientam as pessoas e a sociedade numa direção literalmente oposta ao que diz o Evangelho e àquilo que Jesus viveu.

Não pretendo analisar detalhadamente e explicar como o Evangelho foi se deslocando em direção à religião. Semelhante

---

161. LUZ, U. *El Evangelio según san Mateo. Op. cit.*

162. *Ibid.*, v. 3, p. 223-224.

análise exigiria não um, mas vários volumes, que não estão ao meu alcance. Por isso me parece ser mais útil e esclarecedor indicar os dois pilares básicos sobre os quais se fundamenta o deslocamento do Evangelho para a religião: o poder de mando e o dinheiro como riqueza e acúmulo.

Se existe algo evidente no Evangelho é que Jesus se solidarizou e se colocou ao lado dos pobres, dos fracos, dos marginalizados, e defendeu as mulheres, acolheu e apresentou como modelo as crianças, fez-se amigo de publicanos (coletores de impostos) e pecadores (Mc 2,17 par.; Lc 18,13; Mt 18,15). E, junto à sua preferência pelos fracos, advertiu severamente os ricos, os gananciosos por riquezas, os que centram seus interesses no acúmulo de bens e dinheiro.

Devemos considerar, no entanto, que os relatos evangélicos nos remetem a fatos que aconteceram e palavras que foram ditas nos anos 30 do século I. Seria possível garantir que o conteúdo daqueles relatos continuava vivo dois ou três séculos depois? Continuaria viva e igual a forma de vida de Jesus de Nazaré, em que Deus se nos deu a conhecer (Jo 1,18; 14,8-9), na Igreja do terceiro e quarto séculos?

De 203, ano em que Orígenes iniciou o seu labor docente em Alexandria, até o 248, ano em que ele publicou o tratado *Contra Celsum*, os povos do Império viviam um período de insegurança e miséria crescente, ao passo que a Igreja vivia uma etapa de relativa liberdade, sem perseguições, fato que favoreceu um rápido aumento[163] no número de cidadãos que solicitavam o batismo e se vinculavam a algumas das inúmeras comunidades de cristãos em franco crescimento, não só atraí-

---

163. Esta situação foi estudada por DODDS, E. R. *Paganos y cristianos en una época de angustia. Op. cit.*, p. 141.

dos por Jesus e seu Evangelho, mas também pela segurança e pelas garantias econômicas e sociais recebidas.

Um exemplo eloquente foi o de Cipriano de Cartago, um homem tão importante que chegou a ser denominado o "Papa da África"[164]. Notável é o fato de que Cipriano tenha explicado sua conversão ao cristianismo sem nunca mencionar as palavras *Jesus, Cristo, Evangelho* ou *Igreja*. Por isso vale perguntar: Na realidade, a quem esse homem se converteu? Segundo o que ele mesmo escreveu no tratado *Ad donatum*, é possível assegurar que o verdadeiro motivo de sua conversão foi o ideal da filosofia estoica, concretamente a aspiração à segurança e à virtude[165].

Já no século III, portanto, a Igreja não se configurava mais segundo o Evangelho. A aspiração dos monges do deserto e dos primeiros mosteiros girava ao redor da ideia de diferenciar-se do comum dos mortais. Não exatamente se diferenciar na exemplaridade segundo a vida de Jesus, mas no modelo puritano e austero que o ideal estoico de Pitágoras e Empédocles inspirava, e que marcou profundamente as aspirações mais destacadas da cultura religiosa daqueles tempos, aspirações nas quais "a pureza, mais do que a justiça, converteu-se em meio fundamental da salvação"[166].

---

164. Assim consta nas cartas que enviaram a Cipriano os Confessores da Fé, no verão do ano 250. *In: Epist. XXIII*. CSEL 3, p. 536. Analisei mais detalhadamente este assunto em meu livro *El futuro de la Vida Religiosa*. Madri: Trotta, 2003, p. 30-31.

165. Analisei detalhadamente este problema concreto no livro *El futuro de la Vida Religiosa*, p. 32. Cf. KOCH, H. *Ciprianische Untersuchungen*. Bonn: Marcus und Weber, 1926, p. 286-313.

166. DODDS, E. R. *Los griegos y lo irracional*. Madri: Alianza, 1999, p. 150.

Sendo constituídos assim o espírito e a espiritualidade de muitos cidadãos que, direta ou indiretamente, se sentiam motivados e condicionados por esses ideais de religiosidade, o ambiente na Igreja foi se configurando de modo que, sem pensá-lo como "projeto", mas praticando-o como "forma de vida", também nas comunidades de cristãos foi se dando mais importância às leis e aos ritos da religião do que às exigências do Evangelho.

O processo de maior crescimento e de mudanças da Igreja nos primeiros anos do século IV deu-se quando o Imperador Constantino assumiu o comando do Império. Ele desempenhou um papel determinante na mudança que houve na Igreja. Teologicamente falando, o ano 325 foi marcante. Nessa data o Imperador Constantino convocou o primeiro concílio ecumênico, o de Niceia, no qual foi redigida parte definitiva do "Credo" oficial da Igreja[167]. Parte dessa definição qualifica Deus como "Todo-poderoso" (onipotente), empregando a expressão *pantokrátor*", que significa "senhor do universo", termo utilizado pelos imperadores romanos da dinastia dos Antoninos, soberanos absolutos da alçada de Nero ou Domiciano, tão inclinados a fazer-se adorar como deuses[168].

Evidentemente, o "deus tirano" de que se apropriou Nero nada tinha a ver com o Pai de bondade que Jesus nos revelou ou com a resposta que Jesus deu ao Apóstolo Felipe: "Aquele que me viu, viu o Pai" (Jo 14,9). É evidente que "o deus todo-poderoso", que pode chegar às raias da tirania, não tem nada

---

167. DENZINGER, H.; HÜNERMANN, P. *El Magisterio de la Iglesia*. Barcelona: Herder, 2000, p. 125-126.

168. GRIMAL, P. *La civilización romana*. Barcelona: Paidós, 2007, p. 71-78.

a ver com o Pai que se nos revelou na bondade de Jesus de Nazaré. Essa reflexão elementar nos obriga a pensar que já no século IV se havia produzido na Igreja o deslocamento do Evangelho para a religião e, com o passar do tempo, a Igreja foi se vendo cada vez mais como uma religião, ao passo que a presença do Evangelho foi sendo deslocada.

Se levarmos em conta a inclinação da condição humana a desfrutar do poder e da riqueza, facilmente compreendemos o impacto que o governo e as decisões de Constantino devem ter produzido na Igreja. É fato constatável que, a partir do ano 313, Constantino garantiu aos bispos e aos clérigos os mesmos privilégios que tradicionalmente os imperadores romanos haviam concedido aos representantes dos outros cultos. O clero simplesmente foi acrescentado à lista de pessoas privilegiadas, composta de sacerdotes das religiões pagãs ou de doutores das sinagogas judaicas[169]. Ou seja, "o clero tornou-se distinto por ter sido privilegiado"[170].

Chegada a essa situação, é fato que a Igreja, desde o século IV, dividiu-se em dois blocos – clero e laicato – fortemente condicionados pelos dois pilares que sustentavam e condicionavam o ser e a eficiência da sociedade e suas instituições: o poder e o dinheiro. Assim, entre religião e dinheiro, entre religião e poder, foram se estabelecendo relações de mútua dependência.

---

169. BROWN, P. *Por el ojo de una aguja. Op. cit.*, p. 103. Cf. GRANT, R. M. *Early Christianity and society:* seven studies. *Op. cit.*, p. 44-65.

170. BROWN, P. *Op. cit.*, p. 106.

34
O incansável exercício da caridade

Antes de indicar as consequências negativas que se produziram na Igreja por suas relações com o dinheiro e o poder, é necessário destacar o constante e incansável exercício de caridade levado a cabo pela Igreja com os mais pobres e abandonados, tão numerosos nos tempos da decadência do Império. E é necessário sublinhar também a relação que havia entre a caridade e a Eucaristia. Na segunda metade do século III e inícios do século IV (desde Cipriano até Constantino), fomentou-se o que se denominava *"operatio"*, que consistia na entrega de auxílios e esmolas a todas as pessoas que passavam por necessidade. Uma prática tão frequente, que se converteu no "segredo do vigor da Igreja"[171].

Além disso, já no tempo de Constantino os bispos e o clero recebiam seus privilégios não apenas porque rezavam pelo Império, mas sobretudo porque cuidavam dos pobres[172]. O instinto humanitário sempre esteve presente na Igreja. E, se hoje podemos dizer que a Igreja nos transmitiu o Evangelho, não é pelos papiros e manuscritos que foram conservados fidedignamente até os dias de hoje, mas porque Jesus, Palavra e revelação de Deus – o Pai –, tem sido sempre o centro e o eixo fundamental da Igreja. Se não tivermos isso presente, nunca compreenderemos o que é a Igreja nem o que é o cristianismo.

---

171. *Ibid.*, p. 119-122.

172. *Codex Theodosianus* 16.2.14. Cf. BROWN, P. *Op. cit.*, p. 123.

35
Transmitir o Evangelho a partir da religião?

O que acabei de comentar sobre o exemplar exercício da caridade sempre foi fundamental na Igreja. Mas, muitas vezes e em muitos temas, a caridade não tem sido o exercício nem a força determinante em seu proceder. A caridade, que é um elemento fundacional na Igreja, não deve ser ocultada, mas a Igreja nem sempre e tão somente tem sido fiel em termos de observância e conservação do Evangelho. O problema crescente da Igreja tem sido pretender transmitir-nos o Evangelho a partir da religião, fundindo o Evangelho com leis e ritos constitutivos da religião.

A vida pública de Jesus, da forma como a apresentam os quatro evangelhos, foi dedicada a ensinar o caminho da bondade que nos leva ao Pai. Mas não só isso! Além disso, o Evangelho apresenta Jesus sempre prestando serviço aos enfermos e necessitados, de modo que, do princípio ao fim, sua vida foi bastante conflitiva, especialmente com os dirigentes da religião (sacerdotes, mestres da Lei...), a ponto de acabar condenado, torturado, desacreditado e executado como um delinquente.

Com o passar do tempo, a Igreja quis – e continua querendo – que seguíssemos o caminho que Jesus nos traçou (isso é Evangelho), mas observando crenças, leis e ritos impostos pela religião.

O problema não está nas leis e nos ritos enquanto tais, mas nos pilares sobre os quais se sustenta e é praticada a religião –

pelo menos a judeu-cristã –: o dinheiro e o poder. Uma religião que tenha mitos, normas e ritos[173], mas que não tenha dinheiro ou poder permanecerá reduzida a uma mera teoria. Se essa teoria quiser ser posta em prática não apenas em alguns poucos indivíduos, mas em toda a sociedade, necessitará de dinheiro e poder em abundância. Sem essas bases é praticamente impossível viver e ensinar o Evangelho, fundido e confundido com a religião.

Além disso, há um agravante: um Evangelho adulterado pelo dinheiro e pelo poder, que são os pilares da religião, converte-se em um evangelho enganoso, "não confiável, pois nos remete a uma falsa religião"[174]. A consequência de tudo isso é que "a mensagem cristã se converteu numa oferta sem demanda"[175]; daí o crescente desinteresse de tantas pessoas na sociedade atual por aquilo que a Igreja oferece.

E, em relação à riqueza e ao capital, válida e eloquente é a conclusão do amplo estudo, já citado, do Professor Peter Brown:

> Os ricos começaram a entrar na Igreja em números sempre mais crescentes apenas a partir do último quarto do século IV, geralmente para ocupar funções de liderança na qualidade de bispos e escritores cristãos. Mais do que a conversão de Constantino no ano 312, o que marcou o ponto de inflexão na cristianização da Europa foi a entrada nas igrejas de riquezas e

---

173. Cf. THEISSEN, G. *La religión de los primeros cristianos. Op. cit.*; THEISSEN, G. *El Movimiento de Jesús. Op. cit.*, 2005.

174. RUSTER, T. *El Dios falsificado. Op. cit.*, p. 278.

175. PRÖPEER, T. *Erlösunglaube und Freiheitsgeschichte* – Eine Skizze zur Soteriologie. Munique: Kösel, 1988, p. 19. Cf. RUSTER, T. *El Dios falsificado. Op. cit.*, p. 279.

talentos novos, a partir do ano 370, aproximadamente. Desde então, como membros de uma religião à qual se haviam somado os ricos e os poderosos, os cristãos puderam começar a imaginar o impensável: a possibilidade de uma sociedade completamente cristã[176].

Em resumo:

Por fim, mas nem por isso menos importante, a maior surpresa teve lugar no fim do século V. Os líderes das igrejas se deram conta de que, em última análise, eram elas as realmente ricas, e não mais os grandes proprietários de terras leigos, cujas fortunas até então haviam ofuscado a riqueza eclesiástica. O ocaso das aristocracias tradicionais proporcionou à Igreja uma posição única[177].

---

176. BROWN, P. *Por el ojo de una aguja. Op. cit.*, p. 1.034.

177. *Ibid.*, p. 1.037-1.038.

36

A eficácia do direito canônico

A posição privilegiada em que a Igreja se viu, sobretudo a partir do século VI, precisava de um complemento indispensável: o direito. Já sabemos que o sólido pilar da riqueza se fez mais forte e tornou-se mais determinante do que a exemplaridade da pobreza que Jesus ensinou no Evangelho. No entanto, a riqueza por si só não se justifica nem se sustenta; ela necessita do direito. E a Igreja o buscou, o encontrou e o aplicou.

O grande especialista da história do direito romano, Peter G. Stein, o diz claramente:

> A custódia da tradição jurídica romana coube fundamentalmente na Igreja. Como instituição, o direito próprio da Igreja foi, em toda a Europa, o direito romano. Como se dizia na Lei Ripuária dos francos (61 [58] 1), "a Igreja vive conforme o direito romano". A Igreja continuou construindo seu próprio direito, compilando-o, além disso, em coletâneas. À medida que cresciam em complexidade os problemas que a Igreja enfrentava, as referências ao direito romano aumentavam... O conteúdo romano relevante para a Igreja foi recompilado em coleções específicas, como, por exemplo, a *Lex Romana canonice compta*, feita no século IX[178].

Além disso, o reconhecido historiador de direito medieval Paolo Grossi afirmou que "a compreensão da peculiaridade do

---

178. STEIN, P. G. *El Derecho romano en la historia de Europa*. Madri: Siglo XXI, 2001, p. 57.

direito canônico não se esgota no plano estritamente canônico, mas representa, no plano histórico-jurídico, um instrumento indispensável para a compreensão daquilo que é mais típico da sociedade medieval"[179]. Ou seja, o direito próprio da Igreja nos explica o constitutivo e o específico da sociedade medieval. A Igreja chegou ao extremo de identificar-se não com o Evangelho e suas exigências, mas com o direito medieval e suas desigualdades.

Inevitavelmente isso teve suas consequências. O direito romano foi, por séculos, o suporte e o justificador de uma sociedade que privilegiava uma minoria e marginalizava a maioria da população. Robert C. Knapp[180], catedrático de História antiga na universidade de Berkeley, afirma que "os próprios romanos reconheciam a divisão, na situação socioeconômica, entre os que formavam a elite e os que dela eram excluídos ao denominar os extremamente ricos como *honestiores* (os mais honoráveis) e o resto das pessoas como livres *humiliores* (seres inferiores)".

Os *humiliores* ou "seres inferiores" somavam 99,5% da população[181]. Dessa forma, a Igreja "não reduziu seus ensinamentos ao Evangelho"[182]; além do Evangelho, ela ensinou e até impôs não poucos princípios provenientes do direito romano. Para a mentalidade da Idade Média, "a ideia e a própria história de Roma continuava sendo o princípio de autoridade"[183]. O que, em última análise, explica como e por que a Igreja ela-

---

179. GROSSI, P. *L'ordine giuridico medievale*. Roma/Bari: Laterza, 2011, p. 110.

180. KNAPP, R. C. *Los olvidados de Roma*. Barcelona: Ariel, 2015.

181. *Ibid.*, p. 12.

182. STEIN, P. G. *Op. cit.*, p. 57.

183. KOSCHAKER, P. *L'Europa e il Diritto Romano*. Firenze: Sansoni, 1958, p. 90.

borou uma teologia que não se baseou no Evangelho, mas nos critérios e interesses de uma religião marcada pelo pensamento e pela cultura helenista e pelo direito romano, e de maneira tão extrema que foram mantidas na Igreja as ideias e práticas que a sociedade e a cultura de nosso tempo já não entende mais nem tolera, como a manutenção de um direito canônico que impede o Estado da Cidade do Vaticano de assinar a Declaração Universal dos Direitos Humanos[184].

Não esqueçamos que o Evangelho é muito mais exigente do que os direitos humanos. Ele não se limita à igualdade, mas se fundamenta no seguimento de Jesus, que exigiu o amor até aos inimigos, o perdão de todas as ofensas, a acolhida dos estrangeiros, a igualdade de direitos das mulheres e dos homens, a preferência pelos fracos sobre os poderosos e, sobretudo, o mandamento novo do amor aos outros como distintivo específico dos cristãos. Ou seja, o cristão é reconhecido como tal não por seu amor a Deus, mas por seu amor aos outros, sejam eles quem forem (Jo 13,34-35)[185]. Em última análise, trata-se do mesmo projeto que Jesus apresenta no relato do juízo final: "Todas as vezes que o fizestes a um destes mais pequenos, que são meus irmãos, foi a mim que o fizestes" (Mt 25,40). Como foi dito acertadamente, "a pessoa indigente é o lugar de Deus no mundo"[186]. O Deus-Pai, que Jesus nos revelou, é encontrado em cada pessoa que sofre, seja ela quem for. A bondade com todos e sempre é "o sagrado" para aquele que crê no Evangelho e quer, de fato, seguir a Jesus.

---

184. CASTILLO, J. M. *La Iglesia y los derechos humanos*. Bilbao: Desclée de Brouwer, 2007, especialmente p. 47-77.

185. ZUMSTEIN, J. *El Evangelio según Juan. Op. cit.*, p. 57-68.

186. LUZ, U. *El Evangelio según san Mateo. Op. cit.*, p. 659-696.

37
O que houve na Igreja?

Em conformidade com a reflexão precedente, se de fato queremos ser pessoas honestas, não temos outro remédio senão encarar a seguinte pergunta: *O que aconteceu na Igreja?*

O problema não consiste na baixa moralidade ou na fraqueza ética dos cristãos. Não estamos diante de um problema moral, mas constitucional: a partir do momento em que a religião se sobrepôs ao Evangelho, a Igreja passou a ser mais fiel ao ético do que ao constitucional. A religião se move comodamente ao redor do ético: condenando e ameaçando, perdoando e premiando; um âmbito que os homens da religião dominam e exercem de bom grado, pois, naquilo que acabo de afirmar, são mestres. Outra coisa é o "constitucional". Quero dizer: será que as relações da religião com o poder são um assunto revolvido na Igreja? Nos últimos anos do século V (492-496), o Papa Gelásio I escreveu uma carta[187] ao Imperador Anastácio, na qual o pontífice expressa o critério determinante em relação ao fundamento e ao exercício do poder: "Existem duas instâncias pelas quais basicamente se rege o mundo: a autoridade sagrada dos pontífices e o poder real" (*"Duo quippe sunt, imperator auguste, quibus principaliter mundus regitur: auctoritas sacrata pontificum et regalis potestas"*). A *"auctoritas"* designa a superioridade moral que se embasa no Direito, ao passo que a *"potestas"* é o poder

---

187. Um documento bem-conservado: THIEL. *Epist. Roman. Pontif.* Braumberg, 1868, p. 350-351; PL 59, 42-43.

político de execução[188]. Esse critério permaneceu (crescente e intocável) até o período das Luzes, no século XVIII.

Sem entrar em outros fatores do problema, o fato é que a Igreja viveu, desde o século V até os finais do século XVIII, pretendendo manter o princípio que havia formulado o Papa Gelásio. Não esqueçamos, porém, que a carta de Gelásio expressava um desejo meramente teórico. Na prática, a Igreja tolerou e inclusive fomentou a desigualdade econômica até alcançar alguns resultados (favoráveis) inimagináveis e escandalosos. Por exemplo, sabe-se que:

> Estudos recentes estimaram que a participação da Igreja espanhola no crédito hipotecário (o crédito que usa a terra e os bens imóveis como garantia) era notável, e inclusive aumentou de 45% no século XVII para 70% em meados do século XVIII. Combinando as diferentes fontes disponíveis, podemos considerar que a Igreja possuía em 1750 quase 30% das propriedades na Europa, ou até mais[189].

No fundo desse problema e fazendo todas as precisões necessárias, percebe-se a relação entre riqueza e poder. O estudo mais amplo e documentado até a data de hoje sobre esse tema fundamental, o do já citado Thomas Piketty, o explica com clareza:

> Note-se que esta proporção de cerca de 30% do total da propriedade em mãos da Igreja durante o Antigo Regime corresponde aproximadamente à proporção do capital nacional que possuía em fins de 2010 o Estado chinês, uma estrutura estatal que na prática é controlada pelo Partido Comunista da China (PCC). Trata-se evidentemente de dois tipos de organização e com legi-

---

188. CONGAR, Y. *L'Eglise de Saint Augustin à l'époque moderne. Op. cit.*, p. 31-33.

189. PIKETTY, T. *Capital e ideologia*. Barcelona: Planeta, 2019, p. 119-120. Cf. MILHAUD, C. Sacré crédit! The rise and fall of ecclesiastical credit in early modern Spain. 2018. Tese (Doutorado) – École des Hautes Études en Sciences Sociales (Ehess), Paris, 2018, p. 17-19.

timidades muito diferentes. No entanto, tanto as igrejas, durante o Antigo Regime, quanto o PCC, em princípios do século XXI, são organizações caracterizadas por projetos ambiciosos de desenvolvimento e de regulação da sociedade; projetos que só podem ser levados a cabo a partir de uma sólida base patrimonial[190].

Confirma-se com a experiência dos fatos que uma instituição que pretende influenciar, custe o que custar, a sociedade regulando o pensamento e a conduta das pessoas não tem outro meio nem outra solução senão embasar-se solidamente na riqueza e no poder, já que o poder econômico e o poder social são, em última análise, os componentes indispensáveis para controlar e dominar os outros.

Em suma, segundo Thomas Piketty: "Em geral, a propriedade deve ser concebida não como um direito absoluto e atemporal, mas como um conjunto de direitos característicos de cada contexto social e histórico, como um verdadeiro 'pacote de direitos' que define o alcance do poder"[191]. Propriedade e poder são tão indispensáveis quanto inseparáveis, pois são os dois pilares básicos que sustentam e dão consistência e força à religião.

Com essa conclusão, os cristãos não têm mais remédio senão enfrentar, com coragem e liberdade, a grande questão que nos urge resolver: *Se, de fato, buscamos resposta às perguntas mais profundas e urgentes de nossa vida, a encontraremos na religião ou no Evangelho?*

Se tentarmos responder a essa pergunta tão decisiva misturando ou confundindo religião e Evangelho, a resposta será sempre a crise religiosa que estamos vivendo. A religião, por si só, não tem resposta às perguntas, aos desejos e aos anseios mais fortes dos seres humanos.

---

190. *Ibid.*, p. 123.

191. PIKETTY, T. *Una breve historia de la igualdad*. Barcelona: Planeta, 2021, p. 45.

38
Resposta tranquilizadora ou eficaz?

A religião fielmente observada, mediante a obediente submissão e o exato cumprimento de suas doutrinas, suas normas e seus rituais, efetivamente serve para tranquilizar a consciência. Entretanto, seria um real encontro com Deus a tranquilização da consciência? Este não seria o tranquilizante que nos liberta do caos, da insegurança e do medo? E, nesse caso, por si só, seria esse um real encontro com o Deus que nos transcende?

Ademais, em última análise, tudo isso não serviria apenas para enganar-nos a nós mesmos e àqueles com os quais nos relacionamos? Faço essa pergunta porque é fato que uma enorme quantidade de pessoas se serve de suas observâncias religiosas e piedades fervorosas para enganar. Não que o façam intencionalmente, mas o fazem. E enganam a si mesmas.

Não estou exagerando nem tirando as coisas do prumo. Impressionou-me a leitura do livro de Thomas Ruster, *El Dios falsificado* [O Deus falsificado]. Referindo-se às atrocidades que foram cometidas na Segunda Guerra Mundial, ele nos lembra que "o holocausto se produziu no interior de uma cultura moldada pelo cristianismo"[192].

---

192. RUSTER, T. *El Dios falsificado. Op. cit.*, p. 32-33.

É fato que o século XX e as primeiras décadas do século XXI foram os períodos mais violentos da história da humanidade. Em tantos anos de tanta violência, o que dizer do frequente silêncio das religiões diante de tanto sofrimento, parecendo mais preocupadas em proteger a religião do que evitar ou reduzir a violência? Às vezes temos a impressão de que os interesses políticos e econômicos foram mais fortes e determinantes do que as exigências da religião, e parece haver dirigentes das religiões que se interessam mais pelo poder e pelo dinheiro do que pelas bênçãos e esperanças divinas que pregam. Por essa razão, às vezes, eles têm se ocupado mais com o poder e o dinheiro, e guardado silêncio em relação à paz e à convivência.

Não é possível fazer uma lista exaustiva dos "silêncios cúmplices" de dirigentes religiosos nas incontáveis guerras que nos últimos 120 anos açoitaram a humanidade; silêncios, talvez, em vista de não complicar a vida e manter a própria religião e seus monumentos. Menos ainda se nos limitarmos aos silêncios cúmplices e pensarmos nas contradições cúmplices entre a proibição taxativa de não levar dinheiro, alforge, duas túnicas, impostas por Jesus tanto aos seus apóstolos (Mt 10,9-10; Mc 6,8-9; Lc 9,3-4) quanto à Igreja de hoje.

É evidente que evangelizar as aldeias da Galileia no tempo de Jesus e tornar presente o Evangelho na sociedade de nossos dias não é a mesma coisa. É claro que não! Mas, tão evidente quanto a diferença entre o século I e o século XXI é a identificação do problema que enfrenta o Evangelho em todos os séculos e em todas as culturas.

Não se trata da divinização do humano, mas exatamente o contrário: a humanização do divino. Segundo o prólogo do Evangelho de João, o "Logos" (a "Palavra") é a "realidade transcendente"[193]. Portanto, é o Transcendente (Deus) que "se fez carne" (*sarx egéneto*) (Jo 1,14); ou seja, que "se humanizou"[194]. E assim, humanizando-se, se nos foi revelado; o Transcendente desconhecível se nos deu a conhecer. Daí a conclusão do prólogo do Evangelho de João (Jo 1,18): "Ninguém jamais viu a Deus; Deus Filho único, que está no seio do Pai, no-lo revelou". Por isso Jesus pôde dizer a um de seus discípulos: "Filipe, aquele que me viu, viu o Pai" (Jo 14,9).

Isso significa pura e simplesmente que Deus se humanizou em Jesus. Fato que se torna evidente num texto estremecedor da carta aos Filipenses, na qual se afirma que Jesus, "apesar de sua condição divina, não se apegou à sua igualdade com Deus; ao contrário, despojou-se, tomando a condição de escravo, fazendo-se semelhante a cada um de nós" (Fl 2,6-7)[195]. E assim, fazendo-se humano – e rebaixando-se ao mais baixo da condição humana –, Deus se nos revelou, Deus se nos deu a conhecer, aportando, nessa humanização do divino, a salvação que os humanos desejam e buscam.

Foi isso que Jesus quis e o que nos ensina o Evangelho? É fato que nos quatro evangelhos nada se fala de "religião", nem de "sacerdotes" (cristãos), nem de "clero", nem de "rituais" (não

---

193. ZUMSTEIN, J. *El Evangelio según Juan. Op. cit.*, p. 67.

194. BAUER, W. *Griechisch-deutsches Wörterbuch zu den Schriften des Neues Testaments und der frühchristlichen Literatur*. Berlim/Nova York: De Gruyter, 1988, p. 319.

195. Este texto não é de Paulo. Foi tirado do patrimônio hínico da primitiva Igreja. Cf. BORNKAMM, G. *Pablo de Tarso. Op. cit.*, p. 99-100.

para praticá-los, mas para suprimi-los) (Mc 7,1-22; Mt 15,1-20). Eis a razão pela qual a carta de Tiago estabelece este critério: "A religião pura e sem mancha diante de Deus Pai é esta: visitar os órfãos e as viúvas em sua aflição, guardar-se do mundo para não se deixar contaminar" (Tg 1,27). E na carta aos Hebreus, a conclusão vem a ser a mesma: "Não esqueçais da solidariedade e de fazer o bem, pois são estes os sacrifícios que agradam a Deus" (Hb 13,16). O "sacrifício" de Jesus na cruz não foi um sacrifício ritual, mas um sacrifício existencial[196]. Ou seja, Jesus, ao morrer, não ofereceu o sangue de um cordeiro, mas seu próprio sangue[197]. A morte de Jesus na cruz não foi um rito litúrgico, mas a consequência inevitável de uma forma de viver, de uma conduta, do que Ele mesmo disse e fez.

---

196. Cf. VANHOYE, A. *Prêtres anciens, prêtre nouveau selon le Nouveau Testament*. Paris: Seuil, 1980, p. 302-305.

197. VANHOYE, A. *Le Christ est notre prêtre*. Toulouse: Éditions Prière et Vie, 1969, p. 28.

39
Jesus não fundou uma religião

A razão de ser do que acabo de explicar tem seu fundamento numa afirmação que deve ser solidamente integrada em nossas vidas: Jesus não fundou uma religião, a "religião cristã". Os estudiosos costumam concordar que "a religião é um sistema cultural de sinais que promete ganho de vida mediante a correspondência a uma realidade última"[198]. Não me deterei na explicação dessa definição, visto que não é o objetivo deste livro. Por isso, dentre outras coisas, deixo de analisar a distinção entre o "sagrado" e o "profano", assim como a análise do "numinoso" (o "santo"), conceitos e experiências que foram amplamente explicados por autores de alto nível, como Rudolph Otto e Mircea Eliade[199].

É significativo que os termos e conceitos que expressam o fato religioso ou cultual, isto é, o "serviço sagrado", são palavras ou expressões que quase não aparecem no Novo Testamento, especialmente nos evangelhos[200]. O vocabulário relativo ao

---

198. THEISSEN, G. *La religión de los primeros cristianos. Op. cit.*, p. 15.

199. OTTO, R. *Lo santo.* Madri: Revista de Occidente, 1965; ELIADE, M. *Lo sagrado y lo profano.* Madri: Guadarrama, 1973.

200. RADL, W. Threskeia. *In:* BALZ, H.; SCHNEIDER, G. *Diccionario exegético del Nuevo Testamento. Op. cit.*; cf. SCHMIDT, L. *In:* KITTEL, G.; FRIEDRICH, G. (Ed.) *Theologisches Wörterbuch zum Neuen Testament. Op. cit.*, p. 158.

culto sagrado está ausente do Evangelho. Jesus não ordenou sacerdotes, nem mandou construir um templo ou uma capela, nem impôs rituais, nem estabeleceu uma liturgia, nem batizou (Jo 4,2)[201] os que a Ele acorriam para ouvi-lo ou pedir-lhe algo. Quando a comunidade cristã começava a dar os seus primeiros passos, Pedro, diante do centurião Cornélio, resumiu a origem daquele primeiro movimento cristão. Tinha sua origem em "Jesus de Nazaré, ungido por Deus com a força do Espírito Santo, que passou fazendo o bem e curando..." (At 10,38). Naquele cristianismo incipiente – o mais original e próximo de Jesus – o central não era a religião, mas o Evangelho a serviço dos que sofrem, a serviço dos necessitados deste mundo.

Além disso, a vida de Jesus foi conflituosa, feita de um enfrentamento constante e crescente justamente das instituições da religião, dos seus dirigentes, que eram os sacerdotes e os membros do Sinédrio, dos seus mais fiéis observantes, identificados como escribas e fariseus. Em última análise, a relação de Jesus com os que representavam ou dirigiam a religião foi quase sempre tensa ou abertamente conflituosa.

O que acabo de dizer já foi sumariamente indicado nas explicações que fiz do capítulo segundo do Evangelho de João. As Bodas de Caná e o conflito de Jesus com o templo e seus sacerdotes foram usados pelo evangelista para deixar claro que, para o Evangelho, o valor ou importância do cumprimento dos ritos religiosos têm pouca monta, menos ainda o templo e seus sacrifícios sagrados de animais.

Jesus não quis rituais nem templo. O disse claramente a uma mulher samaritana (Jo 4,21-23). Muitas vezes na história

---

201. ZUMSTEIN, J. *El Evangelio según Juan. Op. cit.*, p. 174-175.

as religiões, ao invés de unirem os cidadãos, dividiram-nos e até os colocaram em enfrentamento. No tempo de Jesus, os judeus e os samaritanos não se entendiam, pois os judeus tinham o seu templo em Jerusalém e os samaritanos tinham o seu no Monte Garizin. Isso era motivo de desprezo mútuo. Por isso Jesus disse lapidarmente: "Chegou a hora em que os verdadeiros adoradores adorarão o Pai em espírito e verdade" (Jo 4,23). A verdadeira adoração a Deus se faz diante de cada ser humano, já que, como já falei tantas vezes, Deus se humanizou. E a verdadeira adoração que Deus quer e aceita é o respeito, a convivência mais profundamente humana e bondosa, a ajuda mútua e o amor sempre fiel aos outros, não importa quem sejam esses "outros".

Para entender o Evangelho é decisivo compreender que o rito é o processo de "objetivação e coisificação" do Absoluto (o Transcendente). Aqui está a chave do problema, pois a consciência humana não consegue compreender o Transcendente em si. Um rito ou um conceito é sempre e inevitavelmente um objeto mental, uma coisa. E o Absoluto, o Transcendente, não pode ser reduzido a um conceito, não pode ser abarcado, compreendido nem explicado mediante um processo pelo qual reduzimos Deus a uma simples coisa. Nesse caso, não cremos em Deus nem nos relacionamos com Deus, mas cremos e nos relacionamos com o resultado de uma "conversão diabólica" por meio da qual reduzimos Deus e o convertemos em um objeto mental[202], que nos convém e nos deixa com a consciência em paz e com as mãos limpas.

---

202. RICOEUR, P. *De l'interprétation: essai sur Freud.* Paris: Seuil, 1968, p. 504.

Assim compreende-se a razão pela qual Jesus não instituiu ritos, nem quis templos, nem ordenou sacerdotes, nem pretendeu fundir-se ou confundir-se com a prática ritual e cerimonial de uma religião. Por essa mesma razão compreendemos também o motivo pelo qual Jesus foi tão taxativo ao exigir o despojamento do dinheiro e do poder dos maiorais deste mundo. E nessa lógica também compreendemos que o comportamento da Igreja, nesse particular, frequentemente foi o contrário do que fez e dispôs Jesus em sua forma de vida e nas exigências feitas aos seus discípulos.

E também compreendemos por que a Igreja – e a religião que ela ensina e põe em prática – é uma fonte inesgotável de mentiras e enganos. Não falo da mentira pecaminosa, a mentira consciente própria do impostor vulgar e cotidiano. Refiro-me antes à falsificação ou ao engano tranquilizador para tantas "pessoas de religião" e "gente de Igreja", gente que prega o Evangelho, mas vive às avessas daquilo que o Evangelho diz. Pessoas educadas na Igreja e convencidas de que devem ser fiéis ao Evangelho, mas que vivem – em questões fundamentais – da forma como são vividos na Igreja tantos assuntos nos quais entram em questão o dinheiro e o poder.

Ora, se quisermos ser de verdade fiéis ao Evangelho não há outro remédio senão buscar uma justificativa que nos explique – a nós mesmos e aos outros – como é possível harmonizar (colocar em acordo) duas coisas que são contraditórias, a saber: *a fidelidade ao Evangelho e a acumulação de riqueza e poder (ou prestígio)*. Isso porque, se nos ativermos ao que Jesus disse e ao que ficou claro no Evangelho, e se quisermos ser fiéis ao que Jesus exigiu no que se refere à posse de riquezas

158

(Mc 10,17-31; Mt 19,16-29; Lc 18,18-30) e à pretensão de poder ou de prestígio (Mc 10,35-41; Mt 20,20-28 Lc 22,25-26), essas duas apetências ou pretensões são incompatíveis com o Evangelho de Jesus.

E aí? Há solução? Como é possível ter dinheiro e prestígio, e, ao mesmo tempo, ser fiel ao que Jesus exigiu e viveu? Não esqueçamos que Jesus exigiu que seus discípulos e apóstolos não levassem consigo nem trocados no bolso, nem pretendessem, de modo algum, ser os primeiros, os mais importantes ou ocupar os primeiros lugares. O que aconteceu com a Igreja para que tudo o que acabo de indicar fosse visto e vivido não apenas às avessas, mas inclusive como algo inteiramente necessário para que ela pudesse cumprir sua missão? Seja como for, fazendo ou não esse questionamento, ter dinheiro e prestígio na Igreja é hoje visto como o mais natural dos fatos, e considerado inclusive importante e necessário.

40
Fazer do Evangelho uma religião?

Essa questão tem duas respostas que explicam o que aconteceu na Igreja. Em primeiro lugar, e acima de tudo, a Igreja fez do Evangelho uma religião. Em segundo lugar, essa religião precisa exercer o apostolado. Ora, com relativa frequência, a religião e o apostolado comportam o perigo de interpretar e justificar como "necessidades apostólicas" o que na verdade são conveniências econômicas, apetências de prestígio e fama, interesses políticos ou de outro tipo. Assim podemos ser enganados por ideias, desejos ou condutas que denominamos apostolado, mas que, na verdade, são ambições humanas.

Se a isso acrescentarmos que a Igreja se constituiu e organizou, em sua mais alta esfera, como um Estado (político) independente, que obviamente precisa ter dinheiro e boas relações de poder, compreende-se com perfeição que o Evangelho que Jesus viveu e ensinou não se encaixa nesse "triângulo".

Além disso, nem o Evangelho se encaixa nesta Igreja, nem esta Igreja se encaixa no Evangelho. Por que nem um nem outro é possível? Porque, desde o momento em que a Igreja começou a pôr em prática os rituais, as normas e as cerimônias próprias da religião, o Evangelho começou a ser marginalizado. E consta que tal procedimento começou a vigorar muito cedo.

Também vale lembrar que, antes de que se conhecesse os evangelhos, o Apóstolo Paulo afirmava que "doravante, não conhecemos mais ninguém segundo a carne; e se conhecemos a Cristo segundo a carne, agora não o conhecemos mais assim" (2Cor 5,16). Discutiu-se o significado desta afirmação de São Paulo[203]. É certo, porém, que antes que se conhecessem os evangelhos, as ideias do gnosticismo, que tiveram influência sobre Paulo[204], dificultaram a aceitação do fato de que Deus se tenha humanizado em Jesus. O que equivale a dizer que a aceitação do Evangelho se tornou difícil, ao passo que a aceitação e a prática dos rituais religiosos – a religião – não encontrou dificuldade nas primeiras comunidades cristãs[205].

Nesse contexto, deparamo-nos com um fato que a teologia cristã – a meu ver – não abordou devidamente. A Igreja se difundiu e se estabeleceu, em suas origens, a partir dos anos 30 até o fim do século I, mas de uma maneira desigual.

Nessas comunidades que Paulo de Tarso fundou e orientou foram aceitos os rituais religiosos. Ou seja, eram "igrejas" que viviam centradas numa "religião de redenção"[206], o que supõe que eram comunidades com o olhar mais voltado para uma "salvação para a outra vida". Em contrapartida, a partir dos anos 70, quando começam a ser difundidos os relatos do Evangelho (o de Marcos primeiro), a atenção dos cristãos co-

---

203. BECKER, J. *Pablo el apóstol de los paganos*. Salamanca: Sígueme, 2007, p. 145-146.

204. PIÑERO, A.; MONTSERRAT, J. *Textos gnósticos* – Biblioteca de Nag Hammadi. *Op. cit.*, p. 98-104, esp. p. 102.

205. MACDONALD, M. Y. *Las comunidades paulinas*. Salamanca: Sígueme, 1994, p. 97-111.

206. BORNKAMM, G. *Pablo de Tarso. Op. cit.*, p. 291

meçou a centrar-se na "humanização (encarnação) de Deus nesta vida" (Jo 1,14.18; 14,8-9; Mt 25,40).

Portanto, na Igreja se fundem e confundem a *divinização do humano* (a religião) e a *humanização do divino* (o Evangelho).

O que a religião faz é divinizar coisas que são meramente humanas: a ideia que temos de Deus, os ritos e cerimônias que – como tanta gente pensa – nos levam a Deus, nossas condutas que agradam ou desagradam a Deus, os prêmios ou castigos que Deus (o Deus que temos em nossa cabeça) nos concede ou nos impõe etc. Em última análise, o que a religião faz é centrar o sujeito em si mesmo: em sua própria saúde, em sua própria dignidade, em sua própria santidade, em sua própria economia, em sua sorte, em seu sucesso, em seu bem-estar, e assim por diante.

O que o Evangelho faz é humanizar o transcendente e divino: onde e como podemos encontrar a Deus e o que Deus quer e espera dos seres humanos. Não encontramos a Deus no divino, já que este é inalcançável às possibilidades do ser humano. O divino é o transcendente. E é exatamente essa ideia que encontramos no fim do prólogo do Evangelho de João: "A Deus ninguém jamais viu; [o] Filho único [que é] Deus, que está diante do Pai, este no-lo deu a conhecer" (1,18). Ou seja: "Se Deus é fundamentalmente inacessível ao homem, se Ele se subtrai a qualquer intento de conhecimento, então, se Deus quer que o ser humano o conheça, urge que o ser humano se abra a esse Deus"[207]. Dessa forma, se Deus quer que o ser humano o conheça, Deus precisa humanizar-se.

---

207. ZUMSTEIN, J. *El Evangelio según Juan. Op. cit.*, p. 83.

Ora, isso é exatamente o que Deus faz com os seres humanos, não mediante uma explicação teórica que, em última análise, seria um objeto mental, imanente, o que equivaleria a cair na degeneração do Absoluto em coisa, em um objeto o mais sublime que nos possa parecer, mas elaborado pela mente humana, desvinculando-se dos "sentinelas do horizonte"[208] último que pode alcançar a condição humana, um absurdo e enfático empenho para poder expressar e comunicar o conhecimento daquilo que, na realidade, não conhecemos e nem podemos conhecer em sua Transcendência. Deus não pode ser um objeto mental elaborado pela mente humana.

Por isso, para superar essa dificuldade insuperável a partir do meramente humano, Deus se humanizou. Isso é o que os cristãos chamam de "encarnação" de Deus, nada mais, nada menos do que a *"humanização de Deus"*[209]. Deus se humanizou em Jesus. Eis o Evangelho.

---

208. RICOEUR, P. *De l'interprétation*: essai sur Freud. *Op. cit.*, p. 504-510.

209. CASTILLO, J. M. *La humanización de Dios*. Madri: Trotta, 2009. [Trad. bras.: *Jesus, a humanização de Deus*. Petrópolis: Vozes, 2015.] CASTILLO, J. M. *La humanidad de Dios*. Madri: Trotta, 2012. CASTILLO, J. M. *La humanidad de Jesús*. Madri: Trotta, 2016. [Trad. bras.: *A humanidade de Jesus*. Petrópolis: Vozes, 2017.]

41
A chave para conhecer o Evangelho

Agora que chegamos a este ponto capital, faz-se inevitável enfrentar a seguinte pergunta: *Qual é a chave que torna possível conhecer, compreender e viver o Evangelho?* Certamente não é o estudo. Nem a investigação que o sábio pode fazer na melhor das bibliotecas. O Evangelho tem a ver com as bibliotecas, mas a chave de sua compreensão e sua vida não está nos livros. Está na vida. Nesta vida: como vives, com quem vives, para quê e para quem vives. Nisso está a chave de compreensão do Evangelho, ainda que não saibas de sua existência ou o que o Evangelho diz. Ao se falar de Evangelho, o que importa não é o que se sabe dele, mas como se vive.

Ora, como deve ser a conduta para que se possa dizer que se vive segundo o Evangelho? Uma única palavra de Jesus nos diz tudo: "Segue-me" (*akolouthei moi*). É um chamado imperioso e firme, que Jesus repete onze vezes nos evangelhos (Mt 8,22; 9,9; 19,21; Mc 2,14; 10,21; Lc 5,27; 9,59; 18,22; Jo 1,43; 21,19.22). Isso é tudo. Pura e simplesmente sem apresentar um por quê e um para quê, sem explicar o programa de vida que seus chamados esperam, sem dizer nenhuma palavra sobre o ideal de vida aos que recebem esse chamado. De modo que só sobra uma segurança: a insegurança[210]. Um preço mui-

---

210. BONHOEFFER, D. *Nachfolge*. Munique: Kaiser, 1982, p. 29-30.

to alto na vida, um programa que assusta! Mas o fato é que os que seguiram a Jesus, ao ouvirem o seu chamado, puseram-se imediatamente a caminho, deixaram tudo, e o seguiram.

Tudo isso é tão estranho quanto eloquente. Pois "somente seguindo a Jesus os cristãos sabem a quem se confiaram e quem os salva"[211]. Além disso, do seguimento de Jesus depende ter ou não o "conhecimento autêntico da cristologia". Como os primeiros seguidores de Jesus aprenderam quem é Jesus e o que Ele representa para todos os humanos? Metz nos deixou esta sábia resposta: "O saber cristológico não é constituído nem transmitido primeiramente no conceito, mas nestes relatos de seguimento"[212]. Somente seguindo a Jesus nos capacitamos para saber e experimentar o que Jesus representa em nossa vida, o que Ele nos revela.

Por que a teologia cristã está tão ausente dos problemas que hoje as pessoas enfrentam? Talvez em razão de a teologia cristã ter-se fundido, há cerca de dois mil anos, com a religião de então; talvez por isso ela não consiga responder aos problemas do mundo atual. É fato que Jesus nasceu e foi educado na religião de Israel, na qual a *tradição profética* foi determinante. Ora, como acertadamente disse o teólogo José Luís Sicre, "o profeta é um gigante admirável, mas não por se retirar para uma solidão que o coloca em conflito com as ideias mais sublimes, e sim porque se compromete plenamente com a sociedade de seu tempo e luta para transformá-la"[213]. E o profeta não o faz

---

211. METZ, J. B. *La fe entre la historia y la sociedad. Op. cit.*, p. 66.

212. *Ibid.*, p. 67.

213. SICRE, J. L. La compleja imagen del profeta. *In*: SICRE, J. L.; CASTILLO, J. M.; ESTRADA, J. A. *La Iglesia y los profetas*. Córdoba: El Almendro, 1989, p. 25.

como um líder social ou como um encrenqueiro perigoso que afasta as pessoas de Deus. Jesus não foi esse tipo de profeta.

Jesus foi um homem para os outros. Para todos. E muito mais para os mais marginalizados, desprezados e excluídos da sociedade. É impressionante ver que Jesus, segundo nos informa o Evangelho, tenha realizado sua atividade principalmente na Galileia, a região mais pobre da Palestina no século I. Os relatos evangélicos não mencionam Cesareia de Filipe, tampouco Gaza, que eram – depois de Jerusalém – as cidades mais importantes da Palestina. Sem dúvida, Jesus optou pelos pobres, pelos enfermos, pelos pecadores, pelos "endemoninhados"[214], pelos aleijados, e sempre defendeu as mulheres, com quem teve uma excelente relação. Foi com os ambientes mais desumanizados que Jesus mais se identificou e se solidarizou. Sem dúvida, para humanizar o que foi desumanizado. É dessa forma que Deus se revela na vida de Jesus.

Não encontramos Deus divinizando-nos, mas fazendo o caminho inverso: humanizando-nos. Ou seja, fazendo-nos cada dia mais autenticamente humanos, mais honestos, pessoas sempre melhores, lançando mão de tudo o que está ao nosso alcance para que o mundo seja cada dia mais profundamente humano.

---

214. A crença nos "demônios" não é bíblica, mas os judeus, no desterro da Babilônia, aprenderam as crenças nos "anjos" e nos "demônios", que provinham do sincretismo do Irã e da Caldeia. Cf. BÖCHER, O. *In*: BALZ, H.; SCHNEIDER, G. *Diccionario exegético del Nuevo Testamento. Op. cit.*, p. 815-825.

42

O declínio da religião

O declínio da religião nos países desenvolvidos, industrializados e ricos é um fato inegável. Porém, se descemos dos países mais poderosos para os mais fracos, o tema se inverte, visto que, à medida que os povos, as nações e até os continentes têm que suportar carências mais prementes, a religião se mantém e é posta em prática com mais fidelidade.

Esse contraste não resulta de uma pesquisa mundial de práticas e valores do "Fato Religioso" no mundo. Suponho que ninguém tenha feito uma pesquisa semelhante. Mas é verdade o que escreveu, no fim do século XX, o professor da Universidade de Michigan, Ronald Inglehart: "Uma das funções-chave da religião tem sido proporcionar um sentimento de segurança num entorno inseguro. Não é apenas a insegurança econômica que produz essa necessidade: o velho adágio que diz que 'não existem ateus nas trincheiras' reflete o fato de que o perigo psicológico também gera a necessidade de crer em um poder superior"[215]. Obviamente, à medida que as pessoas se sentem mais inseguras, mais necessitam de "poderes superiores" que, mediante rituais e cerimônias sagradas, lhes proporcionem a "sensação" de segurança que os poderes públicos deste mundo não lhes oferecem.

---

215. INGLEHART, R. *Modernización y posmodernización.* Madri: Siglo XXI, 2001, p. 55.

Por isso não é de se estranhar que os países onde a população se sente menos protegida sejam aqueles em que a religião faz-se mais presente e seja vista como mais necessária. Ou seja, as populações mais desamparadas são as mais propensas a aceitar e a viver a religião. Em sentido inverso, nas sociedades e nos países mais poderosos e desenvolvidos é inquestionável que a maioria da população – ainda mais os mais jovens – não busca os mecanismos que proporcionam segurança e bem-estar em paróquias, conventos ou cerimônias sagradas, mas em escritórios, negócios, centros de estudo e lugares de descanso e diversão.

A "religiosidade" foi perdendo consistência ao longo do século XX. Em um século açoitado por duas guerras mundiais e tantos sofrimentos inomináveis houve muitas pessoas que, no fragor de tanto desastre, não se lembraram de Deus para nada. Assim o advertiu Dietrich Bonhoeffer, que, a partir da prisão de Tegel, onde foi assassinado pelos nazistas, escrevia a um amigo: "Não te assustes! Não sairei daqui transformado em *'homo religiosus'*, mas, bem ao contrário, minha desconfiança e meu medo diante da religiosidade cresceram aqui mais do que nunca. Que os israelitas nunca pronunciassem o nome de Deus me faz refletir continuamente, e cada vez o entendo melhor"[216].

Compreende-se assim que, alguns meses mais tarde, pouco antes de ser executado, escrevesse ao seu amigo Eberhart Bethger: "Nos encaminhamos para uma época totalmente arreligiosa. Simplesmente, os homens, tais como são, já não

---

216. BONHOEFFER, D. *Resistencia y sumisión*. Salamanca: Sígueme, 2004, p. 102-103.

podem continuar sendo religiosos. Inclusive os que com sinceridade se classificam como religiosos, absolutamente colocam isso em prática; sem dúvida, com a palavra 'religioso' se referem a alguma coisa muito diferente"[217].

Entretanto, sejamos sinceros: se é certo que os judeus que morreram nos campos de concentração durante a Segunda Guerra Mundial não mencionavam o nome de Deus, não é menos verdade que nós, cristãos (alemães ou não), ficamos mudos, sem atrever-nos a mencionar a religião nem a fé em Deus para protestar contra as atrocidades cometidas contra os judeus. Que religião é essa que é utilizada quando e como nos convém? Não seria uma série de ideias e cerimônias que usamos quando precisamos? Insisto naquilo que já afirmei, copiando o Professor T. Ruster:

> Houve um cristianismo que tornou possível Auschwitz, ou ao menos não o impediu. Não houve um protesto, uma resistência geral dos cristãos na Alemanha quando Auschwitz se tornou visível, nem quando foi emergindo mais claramente o que lá acontecia[218].

Assim como não foi dita nenhuma palavra – e isso é mais grave – quando o Papa Pio XII "não teve em nenhum momento a intenção de protestar oficialmente contra a prisão e a deportação dos judeus de Roma"[219].

A religião deixa de ser "religião" quando a submissão e a observância do religioso nos complicam a vida, trazem-nos problemas e, sobretudo, quando nos vemos seriamente amea-

---

217. *Ibid.*, p. 197.

218. RUSTER, T. *El Dios falsificado. Op. cit.*, p. 32-33.

219. CORWELL, J. *El papa de Hitler:* la verdadera historia de Pío XII. Barcelona: Planeta, 2000, p. 349.

çados por sua causa. A religião é "religião" quando nos proporciona e nos dá segurança, dignidade, tranquilidade de consciência e argumentos para sentir-nos melhor, viver em paz e até, possivelmente, imaginar-nos mais importantes.

Isso a religião o faz em nossa intimidade. E, com relativa frequência, o faz sem nos darmos conta do que realmente vivemos e como vivemos; é algo inerente à religião que, por sua complexidade, pode simultaneamente produzir pessoas "exemplares", tão enganadas quanto enganosas.

43

A religião vai perdendo o interesse

É fato que, à medida que o alarido de experiências que podem ser tão íntimas quanto contraditórias – indicadas na reflexão anterior – produziu santos (que podem estar nos altares) e embusteiros (que merecem estar na prisão), a religião foi perdendo interesse para grandes setores da população mundial. Um fenômeno cada dia mais evidente, sobretudo nas sociedades mais complexas, que costumam ser as dos países mais desenvolvidos.

Seja como for – e seja qual for a explicação que esse fenômeno tenha – o declínio da religião dá a impressão de ser irrefreável. Ao menos, insisto, nos países mais industrializados nos quais a economia é mais sólida e avançada.

Por outro lado, seria um engano explicar o declínio da religião por motivos alheios a ela mesma, tais como a economia, a política, a tecnologia etc. Por mais que tudo isso possa ter influenciado, frequentemente a religião e seus dirigentes dão a impressão de ser algo inútil, imprestável e, em muitos casos, contraditório.

O comportamento escandaloso de alguns clérigos – talvez inúmeros – é público e notório, e pode ser inclusive criminoso. Basta pensar nos delitos de pederastia que cometeram não poucos homens de Igreja, com um agravante: o Vaticano manteve esses delitos em segredo e impôs severamente tal segredo aos que sabiam que eram cometidos abusos vergonhosos e graves. Mas o governo da Igreja antepunha sua honra e sua dignidade ao direito dos inocentes abusados.

É óbvio que o direito das vítimas deve antepor-se à dignidade dos verdugos. No entanto, nós, que fomos educados na religião e para o serviço da religião, carregamos inscrito no mais profundo de nossa consciência o critério intocável da prevalência do divino sobre o humano, do sagrado sobre o profano. Esse critério intocável foi a justificativa das guerras de religião, da violência da Inquisição e de todas as violências religiosas havidas no mundo.

Às vezes essa prevalência levou inclusive importantes místicos a incorrer em afirmações sem pé nem cabeça. Como entender que um místico de tamanha importância como Bernardo de Claraval, em sua *Exhortatio ad milites Templi*, tenha dito aos que foram matar os que defendiam a libertação do templo que assassinar um herege não era um homicídio, mas um "malicídio"? A religião e seus princípios determinantes serviu de justificativa para abusos e violências inimagináveis.

44

Início de uma nova viragem na Igreja

A situação descrita na reflexão precedente vigorou até o jesuíta Jorge Mario Bergoglio ser eleito bispo de Roma (sumo pontífice) no conclave de sucessão de Bento XVI. Dessa forma emergiu na Igreja o Papa Francisco.

Esse papa está tendo, em não poucos temas importantes, um comportamento diferente de seus antecessores. Dentre outras coisas, Francisco teve a liberdade e a bravura de investigar e denunciar diante das autoridades competentes os delitos que muitos responsáveis religiosos cometeram. Refiro-me, sobretudo, aos abusos sexuais a menores, um delito muito grave que tantos clérigos cometeram, mas que o Vaticano sistematicamente silenciava. E conste que, se falo deste vergonhoso assunto, é porque – há mais de cinquenta anos – eu mesmo sofri essa imposição vaticana, e não houve mais remédio senão conter-me em meu silêncio diante de um delito que eu pessoalmente conhecia, e que a cidade inteira onde se situava o seminário comentava. Eram tempos em que a religião mandava mais do que o direito. E, obviamente, tudo era submetido ao alto clero.

Sem sombra de dúvida, o comportamento do Papa Francisco indica uma mudança importante em vista do futuro da Igreja. Em que sentido?

Um motivo fundamentado é a "humanidade" de um papa que, a duras penas, tolera distinções e superioridades. Ele se

173

veste de branco porque não há alternativa. E, de maneira insistente, manifesta que não quer que o chamem de "santidade", de "santo padre", nem com nenhum dos títulos dados aos papas durante séculos. E onde esse papa se sente mais à vontade é com os idosos (sobretudo se pobres), com os mendigos, com os presos, com os enfermos, com as pessoas simples. Gosta de andar pela rua, como um cidadão qualquer, e não tolera carros suntuosos; com um utilitário popular, como qualquer funcionário, sente-se feliz.

Com um papa assim podemos ter esperança no futuro. Isso porque o que conta na vida não são as doutrinas nem as leis, mas as condutas. O mais importante na vida de Jesus não foram suas ideias, mas suas obras (*"érga"*): "Se não faço as obras de meu Pai, continuai a não crer em mim. Mas se as faço, muito embora não acrediteis em mim, crede nas obras" (Jo 10,37-38). A conduta de Jesus foi o mais decisivo. E assim deveria ser na vida da Igreja e, obviamente, na vida e na presença do papado. Seria essa a nova orientação da Igreja?

Não é fácil responder a essa pergunta. Por isso é conveniente retomar o que houve com a religião.

45
A persistência da religião

O parêntesis de esperança que nos apresenta o Papa Francisco não nos deve distrair daquilo que de fato houve na Igreja desde a época da Ilustração, isto é, do século XVIII ao confuso tempo que estamos suportando.

Nestes mais de dois séculos, uma das coisas que mais parece interessar aos dirigentes da religião foi a abundância de dinheiro. Obviamente – pensam os "homens da religião" –, trata-se de um capital ao serviço do Reino de Deus; com dinheiro é possível ajudar os necessitados, manter as missões em países pobres, custear hospitais e abrigos para idosos e desamparados etc.

Porém, também acontece na Igreja que com dinheiro foram construídos templos e residências episcopais, conventos, universidades, colégios com duas portas: a dos ricos e a dos pobres. E por causa do dinheiro e da abundância econômica os "homens da religião" mantiveram e fomentaram a melhor relação possível com os poderes políticos, sobretudo com os que concedem mais favores e privilégios à Igreja, incluídos alguns regimes totalitários que causaram violências e mortes e se constituíram em paradigmas do terror.

Seja como for, o que tudo isso teria a ver com o Evangelho anunciado e proposto por Jesus, o Senhor da vida? Como é possível que existam pessoas que se aferram à importância insubstituível da religião, sem a qual não há – nem pode haver – Evangelho? Não resta dúvidas de que Jesus foi um homem profundamente espiritual, que viveu vinculado ao Pai-Deus, que se identificou com Ele.

No entanto, lendo a fundo o Evangelho, fica evidente que Jesus viveu sua identificação com Deus não apenas "à margem", mas, sobretudo, "contra" a religião. Por quê? Porque, como já falei repetidas vezes neste livro, Deus se humanizou em Jesus e, dessa maneira, é na forma de vida de Jesus, que passou nesta vida fazendo o bem (At 10,18), que encontramos o Deus cristão.

Entretanto, a história nos diz que essa Igreja – que tanto bem fez e à qual tanto devemos por ter conservado e transmitido o Evangelho – "não apenas se manteve à margem das exigências de Jesus, ao qual reivindica. Não apenas atenuou, transformou e moderou sua mensagem. Em certos pontos essenciais, e na qualidade de instituição, tergiversou por completo essa mensagem; a subverteu"[220].

Por que semelhante fenômeno ocorreu? O sucesso da Igreja sobre o Império, especialmente a partir de Constantino e sobretudo a partir do Imperador Teodósio (fim do século IV), fez com que "os homens de Igreja, deslumbrados com o sucesso fulminante de sua religião, se afeiçoassem ao poder". E assim "prosseguiu a difusão do Evangelho, mas ampliou-se a distância entre os mandamentos de Cristo e as práticas da instituição eclesiástica, que respondiam cada vez mais à necessidade de garantir a sua sobrevivência, o seu desenvolvimento e a sua dominação"[221].

---

220. LENOIR, F. *El Cristo filósofo*. Madri: Ariel, 2009, p. 15.

221. *Ibid.*, p. 20.

Por esse critério compreende-se perfeitamente o que tinha sublinhado o Professor F. Lenoir:

> A Inquisição foi abolida no século XVIII, mas por quê? Acaso porque a Instituição [eclesiástica] tomou consciência de seu abominável comportamento e decidiu emendar-se? Não. Simplesmente porque já não tinha mais os meios necessários exigidos por sua vontade de dominação; porque a separação entre Igreja e Estado (perfeitamente conforme à mensagem de Cristo) privou a Igreja do braço secular em que se apoiava para tirar de circulação os hereges; porque os humanistas do Renascimento e os filósofos da Ilustração haviam conseguido instaurar a liberdade de consciência como um direito fundamental de todo ser humano. Hoje essas ideias se impõem em todo o Ocidente, entre crentes e não crentes. Não foram implantadas pela Igreja, mas contra a Igreja, que lutou com todas as suas forças (minguantes) para conservar suas prerrogativas e poderes. O grande paradoxo, a ironia suprema da história, é que o surgimento moderno da laicidade, dos direitos humanos, da liberdade de consciência, tudo aquilo que surgiu nos séculos XVI, XVII e XVIII contra a vontade dos clérigos, aconteceu por meio do recurso implícito e explícito à mensagem original do Evangelho. Dito em outros termos: o que chamo aqui de "filosofia de Cristo", ou seus ensinamentos éticos mais fundamentais, não chegaram à humanidade pela porta da Igreja, mas pela janela do humanismo do Renascimento e da Ilustração. Durante esses três séculos, enquanto a instituição eclesiástica crucificava o ensinamento de Cristo sobre a dignidade humana e a liberdade de consciência por meio da prática inquisitorial, Jesus ressuscitava em virtude dos humanismos[222].

Dito mais claramente: a sociedade europeia deu passos decisivos para uma maior humanização, não pela religião que manteve e impulsionou a Igreja, mas pelo humanismo que, do Renascentismo ao Iluminismo, foi se impondo na sociedade europeia.

---

222. LENOIR, F. *Op. cit.*, p. 20-21.

46
A religião diante do Iluminismo

O que foi explicado na reflexão precedente permitiria afirmar que, da mesma forma que o Iluminismo humanizou a sociedade, também teria humanizado a religião e, por essa mesma razão, a Igreja? Infelizmente parece que isso não pode ser afirmado. Na verdade – e como reação – deu-se justamente o contrário. Está muito bem estudada e prolixamente documentada a bibliografia acerca da reação da eclesiologia do século XIX, desde a Revolução Francesa até o Concílio Vaticano I, em 1869-1870: o que caracterizou a Igreja foi "a afirmação de sua autoridade"[223], acima de qualquer outra autoridade ou potestade.

Na França, onde o Iluminismo teve uma influência determinante, por essa mesma razão produziu-se uma poderosa reação, liderada principalmente por leigos de alto nível econômico e social, destacando-se mais os leigos do que os clérigos. É bem conhecida a produção literária de Joseph de Maistre, na França, a de Karl Ludwig von Haller, na Alemanha, ou a de Donoso Cortés, na Espanha[224].

---

223. CONGAR, Y. L'Ecclésiologie de la Révolution Française au concile du Vatican, sous le signe de l'affirmation de l'autoritè. *In*: NÉDONCELLE, M. *L'Ecclésiologie au XIX siècle*. Paris: Cerf, 1960, p. 77-114.

224. Cf. *Ibid.*, p. 77-79.

Destaca-se, entre estes autores, amantes e apaixonados do poder da religião, a obra de J. de Maistre. Basta citar um de seus textos mais eloquentes: "Sem papa, não há Igreja; sem Igreja, não há cristianismo; sem cristianismo, não há sociedade: de sorte que a vida das nações europeias tem, como já o afirmei, sua fonte, sua única fonte, no poder papal"[225]. Isso nos mostra que a Igreja, em vez de humanizar-se, pretendeu colocar o poder da religião no centro da sociedade, um poder determinante e obrigatório para todos os cristãos. Com isso afastou-se da cultura, cada dia mais voltada para o humano e para a humanidade, ao mesmo tempo em que pretendia impor a religiosidade como poder determinante da vida, em obediência e submissão ao sumo pontífice, mandatário supremo da Igreja e do mundo.

Precisamente em razão disso, não deve ser mera coincidência que o Concílio Vaticano I, em 1870, tenha definido a "infalibilidade do Romano Pontífice sobre a fé e os costumes, de modo que as definições do papa são irreformáveis"[226]. O poder doutrinal absoluto do papa foi definitivamente estabelecido, e a presença da Igreja foi deformada e radicalmente dificultada na modernidade – e muito mais na pós-modernidade. Assim, a teologia, o pensamento eclesiástico e a religião clerical ficaram à margem do tempo, da cultura e do diálogo com a sociedade. O declínio – e com ele a marginalização – da Igreja na sociedade fica evidente no atraso e inclusive na obstrução

---

225. MAISTRE, J. de. *De la Religion considérée dans ses rapports avec l'ordre politique et civil (1825)*. 3. ed., 1826, p. 181, *apud* CONGAR, Y. *Op. cit.*, p. 82.

226. Concílio Vaticano I, Const. Dogm. *Dei Filius*, cal. 4º. DENZINGER, H.; HÜNERMANN, P. *El Magisterio de la Iglesia, Enchiridion...*, n. 3.074.

de uma forma de pensamento, de linguagem, de normas e de rituais que cada dia se fazem mais irreconhecíveis e, sobretudo, sempre menos interessam aos comuns dos mortais.

O mais notável, no entanto – até o pontificado do Papa Francisco –, é o fato de que a hierarquia da Igreja se manteve firme em seu poder intocável. Um exemplo eloquente: o Papa São Pio X, em 1906, deixou escrito em uma encíclica: "Na única Hierarquia residem o direito e a autoridade necessária para promover e dirigir todos os membros para o fim da sociedade. Quanto à coletividade, não tem outro direito senão o de deixar-se conduzir e, docilmente, o de seguir a seus pastores"[227].

Essa maneira de pensar, com as consequências que implica, manteve-se na Igreja até o pontificado do Papa Francisco, que orientou a Igreja em uma direção diferente, menos clerical e mais evangélica. É verdade que, em não poucos casos, a atitude e a linguagem dos bispos (e da maioria dos clérigos) fez notáveis esforços para adaptar-se a uma gestão de governo mais humanitária. Mas, seja como for, os católicos devem lembrar que o Concílio Vaticano II, no capítulo dedicado à Hierarquia da Igreja, não se fez de rogado ao afirmar que "os bispos, por instituição divina, sucederam aos apóstolos, como pastores da Igreja, e quem os ouve, ouve a Cristo, mas quem os despreza, despreza a Cristo e Aquele que a Cristo enviou" (LG 20-21). A Igreja se mantém, pois, em sua afirmação de obediência e de submissão dos fiéis crentes ao poder e à autoridade da Hierarquia.

---

227. *Encicl. Vehementer Nos*, 11-II-1906. *ASS* 39 (1906) p. 8-9. Cf. CONGAR, Y. *Ministerios y comunión eclesial*. Madri: Fax, 1974, p. 14.

47

Obediência episcopal e seguimento evangélico

É inquestionável: os bons cristãos precisam obedecer aos seus bispos. Entretanto, tão certo quanto essa conclusão é a afirmação de que a fidelidade ao que o Evangelho nos ensina precede a submissão aos bispos.

De fato, o ensinamento do Magistério Eclesiástico se limita a dizer que os cristãos devem obedecer aos apóstolos em sua autoridade. Nisso estamos todos de acordo, mas não é toda a verdade, pois a nossa relação com os apóstolos não é somente de obediência e submissão. Além disso, e antes de tudo, nossa relação com os apóstolos é a de manter a fidelidade ao que nos ensina o Evangelho. Se levarmos a sério a exemplaridade do Evangelho, não há dúvida de que essa exemplaridade está centrada no seguimento de Jesus.

Efetivamente o Evangelho nos diz que os cristãos devem seguir a Jesus como os apóstolos o seguiram (Lc 9,57-62; Mt 8,19-22; Mc 1,16-21; Mt 4,18-22; Lc 5,1-11 etc.). O que significa dizer que a Igreja é "apostólica" porque obedece aos bispos, que são os sucessores dos apóstolos. Entretanto, e além disso, devemos nos perguntar: Os apóstolos, instituídos por Jesus, além da autoridade e antes dela, não teriam transmitido à Igreja sua exemplaridade?

O grande teólogo (especialista em eclesiologia) Y. Congar, assim explica a "apostolicidade" da Igreja: "Não se trata de introduzir um princípio legalista no Evangelho da graça, mas de realizar justamente esse Evangelho nas condições em que Deus o deu aos homens"[228]. Pois bem, Deus nos deu o Evangelho de modo que o específico e decisivo, na comunidade cristã (a Igreja), fosse o seguimento de Jesus.

O verbo "seguir" (*akoloutheo*), que aparece 90 vezes nos evangelhos, em 74 desses textos se refere ao "seguimento de Jesus", aplicado sobretudo aos apóstolos[229]. Por isso me pergunto: os bispos poderiam dizer o mesmo que o Apóstolo Pedro disse, "Nós que deixamos tudo e te seguimos" (Mc 10,28 par.)? Os bispos de nossas igrejas fizeram para si palácios, revestiram-se de paramentos de luxo e pompa, viajaram em luxuosos meios de transporte, alguns até acumularam fortunas ao longo da história... A tais bispos temos de obedecer! Temos de obedecê-los, sim, mas em tudo o que mandam? Por que submeter-nos a homens cuja exemplaridade, em não poucos casos, está longe do Evangelho? O Evangelho nos permite essa dedução? Será que nos surpreende o fato de uma Igreja que tolera tantas contradições se encontre em um declínio sempre mais visível a cada dia que passa?

---

228. CONGAR, Y. La Iglesia es apostólica. *In*: CONGAR, Y. *Mysterium Salutis*. Madri: Cristiandad, 1973, vol. 4/1, p. 577.

229. BALZ, H.; SCHNEIDER, G. *Diccionario exegético del Nuevo Testamento*. Salamanca: Sígueme, 1998, v. 1, p. 145-155.

48
Declínio da religião e anticlericalismo

Nos ambientes cristãos mais religiosos costuma-se dizer que o declínio da religião é devido ao anticlericalismo, que, sobretudo nas últimas décadas, aumentou. Além disso, o que mais chama a atenção é o fato de que são os clérigos mais jovens que manifestam um pensamento e um comportamento mais voltados para o integrismo, o conservadorismo, o tradicionalismo. Ou seja, seriam os que mais se distanciam da sociedade atual os que conseguiriam fazer com que a sociedade do presente e do futuro se torne mais religiosa?

Já foi dito – acredito que com razão – que a religiosidade brota do "impulso de conservação de si mesmo". Por isso essa religiosidade costuma acompanhar a fome, a sede, o medo, a enfermidade, a dor, o terror diante da morte. Ou seja, ela brota de fatores que o ser humano não pode controlar[230]. Penso que isso é basicamente certo, dado que a religião centra o sujeito em si mesmo, em suas próprias carências, aspirações, desejos e apetências.

Ora, na medida em que a sociedade se desenvolve e dado que a tecnologia, a riqueza e o poder são fatores determinantes da vida nos países mais industrializados, ou seja, nos mais

---

230. YANNARAS, C. *Contro la Religione*. Bose: Edizioni QIQAJON, 2012, p. 17-18.

avançados na chamada sociedade do bem-estar, a religião se enfraquece, se vê marginalizada, interessa cada dia menos e a um número cada vez menor de cidadãos.

A resposta dependerá necessariamente da valorização que dermos aos fatores de mudança que estamos vivendo.

Se pensarmos com lógica e sensatez, ninguém consegue imaginar que o crescimento tecnológico e industrial seja uma desgraça. A desgraça está na finalidade com que a técnica é produzida e elaborada, e para quais fins é utilizada. Produzir armamentos que matam e remédios que curam não se rege pela mesma finalidade. Isso é o elementar. Mas existem outros elementos tecnológicos de enorme importância, que seguramente temos em mãos e não sabemos o que carregam consigo. Por exemplo: os celulares são fabricados com um material chamado "coltan", um mineral abundante na República Democrática do Congo e na Austrália. Como era de se esperar, os países ricos – que são os que majoritariamente fabricam celulares – compram o coltan no Congo. A consequência é que o sofrimento e o trabalho dos pobres enriquecem mais os ricos, e simultaneamente empobrecem os mais pobres.

Isso nos diz algo tão simples quanto patético: em seu bolso você carrega não apenas um invento que tornou sua vida mais fácil e grata, mas também um produto da tecnologia, da indústria e da economia fabricado à custa do trabalho, do sofrimento e do empobrecimento dos pobres do Congo.

E a pergunta determinante é: O que tudo isso tem a ver com o declínio da religião? A resposta é simples: há séculos as pessoas crentes e religiosas pensavam encontrar em sua religiosidade e em suas observâncias rituais a segurança e as soluções que não encontravam nas limitadas respostas oferecidas pelas sociedades em que viviam. Simplesmente, naqueles idos, uma notável maioria da população era religiosa porque acreditava encontrar, na religião, respostas às muitas questões importantes de suas vidas que não podiam ser resolvidas de outra maneira.

Entretanto, com o passar do tempo, a vida foi mudando completamente. A pessoa que adoece, por exemplo, já não vai à igreja para pedir ajuda a um santo; ela vai ao hospital em busca de um médico. E o que acontece com a medicina também acontece em todos os âmbitos da vida e da sociedade: na convivência, no ambiente profissional, na economia, na política, no descanso, no esporte etc.

Não pretendo nem estou capacitado a fazer uma análise exaustiva sobre como e por que a sociedade, a cultura e a vida em geral mudaram tanto em tão pouco tempo. O que me parece honesto e necessário destacar é que a sociedade e a cultura mudam, ao passo que, ao mesmo tempo, a religião e a Igreja se mantêm firmes e atreladas a crenças, leis e cerimônias que as pessoas de nosso tempo não entendem, e que nem (ao que parece) lhes interessam.

Por que essa estagnação no passado? O motivo parece muito claro: a Igreja centrou-se mais na religião do que no Evangelho. E, enquanto a religião se quer fiel e submissa às tradições do passado, o Evangelho se quer resposta às necessidades, aos sofrimentos e às exigências do presente. Por isso, e acima de tudo, penso que o anticlericalismo – consciente em alguns e inconsciente em outros – está na raiz do declínio da religião.

49
O Evangelho como solução

O desenvolvimento industrial e tecnológico, com tudo o que ele implica de progresso em quase todos os âmbitos do saber e do poder humano, não resolveu os grandes problemas que somos obrigados a enfrentar como seres humanos. A desigualdade em direitos, em economia, em bem-estar, em quase todas as dimensões da vida não apenas não foi resolvida, mas em questões muito fundamentais agravou-se. Por exemplo: todos estamos preocupados com as mudanças climáticas, causadas sobretudo pelos países mais desenvolvidos, cujas populações vivem melhor em termos de bem-estar e de benefícios tecnológicos, mas são elas as que ainda mais poluem o mundo (China e Estados Unidos à frente). Por outro lado, o desequilíbrio econômico mundial é simplesmente assustador, e todos sabemos que esse desastre não vai ter – se é que tem – uma solução fácil e próxima. Em que e onde podemos nos agarrar?

Os principais causadores da mudança climática são também, sem dar-se conta, os causadores do declínio da religião. Não creio que seja uma mera coincidência. Talvez haja leitores deste livro que não concordem com o que acabo de dizer, mas, seja como for, é inquestionável que a religião interessa cada dia menos a uma notável maioria da população. Ela pouco interessa, sobretudo, a uma grande parcela da população jovem, as gerações com menos de quarenta anos, e inclusive acima dessa faixa etária. Além disso, estamos falando de um fenômeno que está aumentando, ainda que não seja possível descrever essa situação por completo e com certeza. O que restará da prática da religião dentro de quarenta ou cinquenta anos?

Diante desse fenômeno – que seria necessário ser cego para não ver –, as pessoas que apreciam a religião não podem evitar sentimentos de pessimismo, sobretudo diante de temas tradicionalmente tão importantes, como o futuro muito nebuloso no tocante a Deus e à religião. Não me alongarei na explicação de um tema como esse, que todo mundo (de uma forma ou de outra) vê e sente.

Entretanto, o resultado é muito diferente se esse problema é analisado a partir de outro ponto de vista. No mais profundo de minhas convicções, o declínio da religião não é um fenômeno que deve preocupar a nós que sentimos e vivemos o problema de Deus. Não esqueçamos o texto com o qual termina o prólogo do Evangelho de João: "Ninguém jamais viu a Deus; Deus Filho único, que está no seio do Pai, no-lo revelou" (Jo 1,18)[231]. A tese fundamental desse texto do Evangelho de João é que "Deus não se revela de forma definitiva senão na história do homem Jesus de Nazaré"[232]. Por isso, como comentei anteriormente, quando o Apóstolo Felipe, depois da última ceia, pediu a Jesus: "Mostra-nos o Pai [Deus] e isto nos basta" (Jo 14,8), a resposta de Jesus foi a afirmação mais eloquente que há no Evangelho: "Felipe, quem viu a mim, viu a Deus"

---

231. A bibliografia sobre este texto é extensa e normalmente muito seleta. Confira uma boa seleção desta bibliografia em ZUMSTEIN, J. *El Evangelio según Juan*. Salamanca: Sígueme, 2016, v. 1, p. 57.

232. *Ibid.*, p. 84.

(Jo 14,9). Na verdade, Felipe estava vendo um homem que acabara de cear. Naquela realidade, tão clara e tão humana, no entanto, estava Deus-Pai. Como? Por quê? O repetirei mais uma vez, já que se trata da questão mais determinante e mais decisiva no cristianismo e, portanto, na Igreja: porque Jesus é a encarnação de Deus, porque é a humanização de Deus. Deus se revelou à humanidade humanizando-se a si mesmo.

Por consequência, o que deve interessar à Igreja e ser o fator mais determinante nela não pode ser a religião, mas o Evangelho. Tendo bem presente que, segundo os relatos evangélicos, Jesus foi um homem em quem se percebia uma profunda religiosidade, centrada em sua constante relação com o Pai e manifestada em sua insistente oração. Os evangelhos, de fato, informam-nos sobre a intensa e frequente vida de oração que Jesus levava. Nos sinóticos, abundantes são os relatos nos quais Jesus se relaciona com o Pai por meio da oração (Mt 14,23; 19,13; 28,38.39.43.44; Mc 1,35; 6,46; 14,22.35.39; Lc 3,21; 5,16; 6,12; 9,18.28.29; 11,1; 22,41.44-45)[233]. No Evangelho de João, dentre outros relatos, significativa é a oração de despedida, antes da paixão (Jo 17,1-26)[234]. A este relato podemos acrescentar a oração no Getsêmani (Mt 26,36-45; Mc 14,34-42; Lc 22,39-48), a agonia orante do próprio Jesus até entregar seu espírito ao Pai (Mt 27,46; Mc 15,34), sua súplica de perdão aos que o estavam matando (Lc 23,14), ou sua expressão de confiança no Pai (Lc 23,46) detalhada nos relatos de sua paixão e morte.

---

233. Cf. HAMMAN, A. La Prière, *Revue d'histoire et de philosophie religieuses*, Tournai, v. 1, 1959, p. 78-94.

234. Cf. ZUMSTEIN, J. *El Evangelio según Juan. Op. cit.*, p. 203-243.

É evidente, pois, que a Igreja só será fiel a Deus à medida que for uma comunidade orante e, portanto, nesse sentido, profundamente religiosa. Não uma religiosidade de ritos e cerimônias, mas uma na qual expressamos o que desejamos mediante a oração ao Pai. E, dado que toda oração é expressão de um desejo, se nos identificamos, conforme nossas possibilidades, com Jesus, nossos desejos mais profundos automaticamente se convertem em oração a Deus.

Assim, a Igreja deve ser uma comunidade e uma instituição profundamente religiosa, uma comunidade intimamente embasada na religiosidade, cujo eixo e centro é a oração.

50
O apostolado pode nos enganar

Considerando o que acabo de comentar, é evidente que na Igreja há uma série de coisas que todo mundo vê e das quais a Igreja precisa distanciar-se e livrar-se, se de fato quer tornar presente o Evangelho. Não apenas porque se trata de poderes, posses e privilégios ausentes do Evangelho, mas sobretudo porque manifestamente são contra aquilo que Jesus viveu, disse e fez. E o pior é que essa clara contradição é justificada com o argumento de que o poder, o capital e os privilégios são necessários ao apostolado.

Além disso, dado que o apostolado (segundo dizem os sacerdotes) é prioritário para a Igreja, justifica-se e cuida-se com esmero do cultivo das melhores relações possíveis com os poderes públicos, fato que acarreta, em não poucos homens de Igreja, a clara preferência por governantes que mais favores e mais privilégios concedem às instituições religiosas. E com o inevitável perigo de não poucos dirigentes da Igreja se interessarem mais pelas boas relações com os poderes públicos do que com as exigências provenientes do Evangelho.

Tudo isso demanda uma explicação. O Evangelho foi vivido e escrito há mais de dois mil anos, numa sociedade e numa cultura muito diferentes das nossas. E a Igreja não se reduzia a um grupo de discípulos camponeses (quase todos) provenientes da Galileia, mas era tão diversa e variada quanto o pode ser a população mundial de nosso século.

Entretanto, persistem situações tão fundamentais, tão claras, tanto hoje quanto no tempo em que Jesus andava pelo mundo palestino. Dentre tantas, destacamos algumas: 1) evidente é o fato de que os quatro evangelhos relatam uma série de enfrentamentos e conflitos que Jesus teve ao longo de sua vida pública; 2) igualmente evidente é que esses conflitos não se produziram com políticos nem com estrangeiros, mas com dirigentes (sacerdotes) ou fanáticos (fariseus) da religião; 3) Jesus sabia de antemão que o fim de sua vida culminaria numa morte violenta. Ele mesmo o afirmou três vezes (Mc 8,31 par.; 9,31 par.; 10,33s. par.). E ainda que, nesses anúncios, persistam detalhes que deveriam ser esclarecidos com mais precisão[235], não há dúvidas de que "Jesus esperou e anunciou sua paixão e sua morte violenta"[236]; 4) na realidade, Jesus viu-se ameaçado pelos homens da religião desde o sábado em que curou o homem da mão paralisada (Mt 12,14; Mc 3,6), desde o momento em que ressaltou a preferência de Deus pelos estrangeiros (Lc 4,28-29), ou desde quando se atreveu a dizer: "Eu e o Pai somos um" (Jo 10,30-33). Quando Jesus afirmou que Ele era (e é) a presença de Deus neste mundo, os dirigentes da religião viram nele um perigo mortal tanto para si mesmos quanto para a causa que defendiam. Consequentemente, teriam que matá-lo. A tal ponto chegou o conflito – enquanto Jesus ainda vivia – entre religião e Evangelho.

---

235. Cf. JEREMIAS, J. *Teología del Nuevo Testamento. Op. cit.*, p. 321-331.

236. *Ibid.*, p. 331.

51
Prática da religião e fidelidade ao Evangelho

Diante do enfrentamento entre religião e Evangelho, precisamos fazer-nos uma pergunta fundamental: Onde reside a diferença essencial entre a prática da religião e a fidelidade ao Evangelho?

Antes de mais nada urge ter claro que, aqui, não estamos falando da essência ou da história da religião, mas de sua aplicação, ou de sua implementação. Em que consiste, pois, o essencial, o indispensável, para uma pessoa que pretenda praticar uma determinada religião? A resposta é muito clara e geralmente pacífica: qualquer religião é posta em prática mediante a submissão, pois, como os especialistas em história das religiões sublinham, "Deus significa poder, governo, e deve ser honrado", o que, na prática, se implementa mediante "a submissão e a subordinação a superiores invisíveis"[237]. Daí os "rituais de submissão", tão habituais nas atividades religiosas.

É bem verdade que no século XX houve autores que sublinharam outros aspectos da religião. Refiro-me a autores como Rudolph Otto (*Lo santo*) ou Mircea Eliade (*Lo sagrado y lo profano*). Esses autores, reconhecidos com justiça por seus valiosos aportes, referiam-se basicamente à experiência da reli-

---

237. BURKERT, W. *La creación de lo sagrado*. Barcelona: Acantilado, 2009, p. 146-155.

gião, experiência, obviamente, vista como consequência de uma prática. Os dirigentes da religião (em Jerusalém e na Galileia) se enfrentaram com Jesus com uma violência extrema. A obstinada decisão dos sumos sacerdotes não era simplesmente executá-lo, mas fazer com que o representante oficial do Império o condenasse a morrer numa cruz. Era a pena de morte mais humilhante. Os bandidos podiam ser executados tanto mediante a crucificação quanto por intermédio de feras selvagens[238].

Pois bem, se o próprio e o específico da prática da religião é a submissão às doutrinas, às normas e aos rituais, o que caracteriza a fidelidade ao Evangelho é a solidariedade com o que é verdadeiramente humano, sobretudo em relação aos que sofrem, aos marginalizados e aos excluídos. Trata-se de um clamoroso contraste.

O exemplo mais eloquente do que acabo de explicar está na observância do sábado. Junto aos hebreus, desde a dura experiência do desterro, muitos séculos antes de Cristo, o sábado (ao lado da circuncisão) era considerado a marca distintiva da religião de Israel[239]. Por isso, todo bom israelita tinha que observar (submeter-se) um impressionante número de proibições. O sábado era o dia propício, portanto, para se observar quem realmente se submetia estritamente ou não às leis da religião.

Segundo os relatos dos evangelhos, quando Jesus se via no dilema de submeter-se à lei da religião ou à solidariedade com os sofredores, os enfermos e os necessitados, sua decisão sem-

---

238. Cf. KNAPP, R. C., 2015, p. 351-352.

239. BILLERBECK, *Kommentar zum Neuen Testament aus Talmud und Midrasch*, v. 4, 1.082s.

pre e acima de tudo era a de remediar o sofrimento, ainda que isso implicasse insubmissão à religião. Os exemplos são abundantes: a cura do homem da mão paralisada, na sinagoga (Mc 3,1-6 par.) e episódios similares ou equivalentes (Lc 13,10-17; 14,1-6; Jo 5,1-18; 9,1-38). O mesmo se deu quando Jesus permitiu que seus discípulos cometessem um furto, arrancando espigas de trigo para saciar a fome em dia de sábado (Mc 2,23 par.; Mt 12,1; Lc 6,1), conduta considerada totalmente ilícita pelos fariseus (Mc 2,24 par.; Mt 12,2; Lc 6,2). Essa era a mentalidade de Jesus, fato que levou os três sinóticos a concluir: "O Filho do homem é Senhor também do sábado" (Mc 2,28 par.; Mt 12,8; Lc 6,5)[240].

Enquanto em nossas vidas a submissão às ordens da religião for mais determinante do que o sofrimento e a vida de nossos semelhantes, o Evangelho continuará ausente de nossas vidas, e a Igreja estará sendo infiel a Jesus.

---

240. BELLNER, W. *In*: BALZ, H.; SCHNEIDER, G. *Diccionario exegético del Nuevo Testamento. Op. cit.*, v. 2, p. 1.331-1.340, com abundante e seleta bibliografia.

52
Riqueza e poder na Igreja

É um fato historicamente demonstrado que, desde os finais do século IV, a Igreja admitiu a riqueza e o poder como pilares sobre os quais sustentaria e faria crescer sua presença e sua influência.

No ano 494, o Papa Gelásio escreveu sua famosa carta ao Imperador Anastácio[241], na qual dizia: "Existem duas estâncias por meio das quais se rege este mundo: a autoridade sagrada dos Pontífices e a potestade real" (*auctoritas sacra pontificum et regalis potestas*). Ou seja, a autoridade moral (a que decide o que se deve fazer) pertence ao papa, ao passo que a potestade executiva corresponde ao imperador (que é um mero executor). Essa era a mentalidade eclesiástica já no século V.

Como semelhante forma de pensar – e os critérios de conduta que derivavam daquela teologia – poderia capacitar a Igreja a entender, explicar e viver o Evangelho? O resultado foi uma teologia baseada na cultura helenística, um direito e uma moral com múltiplas conexões com o direito romano e com um sistema de governo absolutista.

O que se seguiu, entre os séculos VIII e IX, foi a crescente "clericalização" da Igreja e o distanciamento entre clérigos e leigos. Quando foram surgindo as línguas vernáculas, o clero decidiu continuar utilizando o latim e celebrar a missa de costas para o povo. E as discussões sobre os sacramentos se multiplicaram, a ponto de alguns pregadores defenderem a

---

241. Thiel., *Epist. Roman. Pontif.,* II, Braunberg, 1868, p. 350-351; PL 59, 42-43. Cf. CONGAR, Y. *L'Église de saint Augustin à l'époque moderne.* Paris: Cerf, 1970, p. 31-33.

existência de apenas três sacramentos, enquanto outros afirmavam ser mais de trinta[242].

Ao longo de séculos esteve mais presente na Igreja a religião do que o Evangelho. Não em termos teóricos, mas como vida. Na vida da Igreja, a prática da religião teve uma notável preferência, ao passo que a vida segundo o Evangelho foi sendo marginalizada.

Obviamente houve incontável quantidade de mulheres e homens de Igreja que viveram a mais estrita fidelidade ao Evangelho. Trata-se de um fato indiscutível e exemplar. Mas também é fato que a Igreja, em sua organização e gestão, foi – e continua sendo – uma instituição na qual o poder e a riqueza se fazem mais presentes do que imaginamos.

Esse tema é tão complexo, que é impossível aproximar-se dos dados com precisão. É notório que o Papa Francisco não está de acordo com esta Igreja tão enriquecida e poderosa, e por essa razão atraiu inimigos em Roma e alhures. Inimigos que gostariam inclusive de vê-lo morto. Não estou nem inventando, nem exagerando.

Riqueza e poder não são teorias; são fatos que todos veem e percebem. Aí estão os monumentos, as catedrais, os palácios episcopais, os enormes mosteiros e os privilégios legais que a economia clerical desfruta na maioria dos países poderosos da Europa e da América. E, dado que poder e riqueza são duas realidades que mutuamente se reforçam – como mutuamente se ocultam nos negócios que fazem –, é simplesmente impossível saber até onde chega a contradição entre o que o clero diz do Evangelho e o que realmente vive e faz para justificar que dessa forma vive e põe em prática os ensinamentos de Jesus.

A pergunta lógica e inevitável que pode sobrevir a qualquer um é: Como colocar o Evangelho em prática?

---

242. CASTILLO, J. M. *Símbolos de libertad:* teología de los Sacramentos. Salamanca: Sígueme, 1981, p. 375-381.

53
A orientação evangélica do Papa Francisco

O Papa Francisco já deu passos importantes rumo a uma orientação menos clerical e mais evangélica da Igreja, começando por uma intuição capital: é impossível recuperar o Evangelho na vida da Igreja com teorias – mesmo sendo dogmas de fé –, com leis – por mais severas que sejam –, tampouco reformando a Cúria Vaticana via criação de novos dicastérios e gabinetes governados por pessoas competentes e doutos canonistas. Tudo isso é importante, mas não é a solução. E inclusive pode transformar-se ou continuar sendo um autoengano, uma solução meramente marginal.

É bem verdade que Jorge Mario Bergoglio já deu uma orientação diferente ao papado. Estaríamos sendo cegos se não percebêssemos esse novo caminho, ou seja, o caminho simples que consiste em viver e relacionar-se com as pessoas de outra maneira. É, em última análise, o caminho trilhado por Jesus, Mestre que ficou marcado não por seus ensinamentos ou ordens, mas por suas obras, por sua conduta (*ta érga*), por seu comportamento manifestado naquilo que fazia e na maneira como o fazia[243].

Recordemos o Evangelho de Mateus, sobretudo o episódio em que João Batista (já preso por Herodes), ao saber e ter-se

---

243. Cf. HEILIGENTHAL, R. *Werke als Zeichen* (WUNT II/9), Tubinga: Mohr Siebeck Ek, 1983. Cf. LUZ, U. *El Evangelio según san Mateo. Op. cit.*, v. 2, p. 224-234.

impressionado com aquilo que Jesus fazia, mandou seus discípulos perguntarem-lhe: "És tu aquele que vem ou devemos esperar outro?" (Mt 11,3). A resposta de Jesus limitou-se a uma breve e simples mensagem: "Dizei a João o que estais vendo e ouvindo" (Mt 11,4). Não era questão de teorias, de argumentos ou de explicações. A resposta de Jesus entrava pelos sentidos (olhos, ouvidos), e foi tirada dos capítulos 8-9 do profeta Isaías. Jesus era o Messias e aquele que trazia a solução para o mundo. De que forma? Simplesmente resolvendo e superando o sofrimento de "cegos, coxos, leprosos e surdos". E até devolvendo vida aos mortos. Com um acréscimo capital: "E a Boa-nova é anunciada aos pobres" (Mt 11,5). Ou seja, a verdadeira "Boa-notícia" que se pode dar aos pobres: que eles deixarão de ser pobres. O que significa dizer, em última análise, que este mundo e esta sociedade em que vivemos precisam mudar.

Volto aos feitos do Papa Francisco. O decisivo em seu pontificado não são as doutrinas que está ensinando, nem as decisões que está tomando sobre a organização da Cúria Romana e seus dicastérios. O renovador e determinante deste papa é o que estamos ouvindo e vendo, suas principais preocupações, o que lhe interessa, o que ele faz em relação aos doentes, aos pobres, às crianças, aos presos… Essa mudança teve início desde o dia em que ele foi eleito. Nada além de vestir-se com uma túnica branca tolerou. Rejeitou tudo o que pode representar distinção, pompa, ostentação. O que o faz feliz é estar e conviver com os últimos.

Essa tarefa, essa conduta, essa maneira de proceder causa a muitos a impressão de que este pontificado "está aquém do que deveria ser", quando, na verdade, quem faz um juízo tão empobrecido do papado de Francisco teria que pensar, analisar e valorizar a importância decisiva que o Evangelho concede às obras de Jesus. Importância destacada sobretudo no Evangelho de João (cf. Jo 4,34; 5,20.36; 9,3s. 10,25.37s. 14,10-12; 17,4). Tanto que Jesus chegou a dizer aos dirigentes da religião de seu tempo: "Muito embora não acrediteis em mim, crede em minhas obras" (Jo 10,37).

Se lermos os evangelhos com uma visão mais abrangente, logo percebemos que Jesus foi tão amado por aqueles que o seguiam e tão odiado por aqueles que o perseguiam até a morte não em razão daquilo que dizia, mas, sobretudo, por aquilo que fazia. Obras que não se limitavam aos milagres, mas que deixavam transparecer um modo de relacionar-se com as pessoas que devolvia vida e dignidade onde havia marginalização, exclusão e morte. Os sumários da atividade de Jesus (Mt 4,23-24; Lc 6,17-19) sempre precedem os discursos de seu ensinamento (Sermão da Montanha em Mateus; Programa do Reino em Lucas).

Analisando a linguagem do Evangelho percebe-se que a maior ênfase recai sobre aquilo que Jesus fazia. Trata-se de "sinais indicativos" (*semeîa*) ou de realizações ou feitos cuja significação era tão eloquente, que levava as pessoas a crer nele. Isso é exatamente o que motivou os sumos sacerdotes do templo (Jo 11,47) a tomar a decisão de acabar com sua vida, pois não podiam coexistir com o Evangelho que as pessoas viam e percebiam em Jesus.

Se refletirmos acerca desses relatos do Evangelho, logo compreendemos a razão pela qual o Papa Francisco está suportando a resistência e inclusive as ameaças dos "homens de Igreja" que não suportam a humanização do governo da Igreja.

54

O futuro do Evangelho

Já disse repetidas vezes neste livro que Jesus deu mais importância à vida e à felicidade dos seres humanos do que à submissão e à observância das normas e dos ritos impostos pelos dirigentes da religião. Será que ao largo de sua longa história a Igreja procedeu com os mesmos critérios de Jesus? Ou, ao contrário – em grande medida sem dar-se conta do que fazia –, centrou suas preocupações e seus interesses mais no poder da religião do que na exemplaridade do Evangelho?

O que aconteceu na vida da Igreja, em sua teologia, em suas leis e seus interesses é o fato de que a religião se impôs, relegando o Evangelho a uma parte (tão importante quanto reduzida) da religião cristã. É bem verdade que há missas nas quais a homilia explica e aplica muito bem o Evangelho. Mas, infelizmente, não é um fato corriqueiro.

Por consequência, na Igreja a religião manda mais do que o Evangelho, o que cai como uma luva nas mãos dos "homens da religião", pois, para falar franca e abertamente, a religião dá aos seus ministros (os clérigos) poder, prestígio e dinheiro, ao passo que o Evangelho lhes causa problemas, exigências e preocupações, de forma que viver o Evangelho pode ter um alto custo, às vezes comprometendo a própria vida.

O mais perigoso nesse tema é o fato de não nos darmos conta das consequências de dois verbos que usamos constan-

200

temente: "dizer" e "fazer". O Evangelho normalmente é explicado, ponderado, "proclamado"; é "dito". Mas "dizer" e "fazer" o que o Evangelho proclama, na Igreja e na sociedade, é algo totalmente diferente.

De fato, numa cerimônia religiosa se explica, se relata, se proclama o que o Evangelho contém. Em uma ação evangélica, faz-se, põe-se em prática, passa-se da oratória à vida. Não somos mais evangélicos por conhecermos os quatro evangelhos; somos evangélicos quando vivemos como Jesus viveu. Infelizmente há estudiosos na Igreja que ensinam e explicam o Evangelho, mas ficam nisso, já que, repassada a lição, retornam tranquilamente às suas casas, às suas mansões ou até aos seus palácios. A Igreja exige de seus bispos, sacerdotes, religiosos e clero em geral uma grande fidelidade à "ortodoxia". Já a "ortopraxis", a reta conduta, parece ter sido relegada a um segundo plano, ao passo que o poder e a riqueza parecem ser estimulados. Quanto ao resto, desde que não se saiba ou não se torne motivo de escândalo, cada qual viva da forma como puder, gostar ou preferir. Nossa Igreja parece dar mais importância ao dircito canônico do que ao Evangelho. É a consequência inevitável de uma instituição que optou mais pela religião do que pelo Evangelho.

A conclusão é que o futuro da Igreja não pode depender do futuro da religião. O futuro da Igreja é o futuro do Evangelho. Dito de outra maneira: do futuro do Evangelho depende o futuro da Igreja.

55
Uma Igreja que vive o Evangelho

A palavra "Igreja" não é um termo da linguagem bíblica do tempo de Jesus. O termo *"ekklesía"* era usado pelos gregos para indicar as assembleias públicas que diziam respeito à população[244]. Não é presumível, portanto, que um modesto habitante da Galileia, como era o caso de Jesus, utilizasse termos técnicos da cultura grega. O mais razoável é pensar que Jesus se referia à "comunidade" dos que, motivados pelo Evangelho, o seguiam.

Assim, se a Igreja quer seguir de verdade a Jesus, a primeira decisão que deve tomar é o "despojamento", isto é, desfazer-se de suas muitas riquezas e dividi-las com os mais pobres. Se não proceder assim, de que lhe serve estudar tanto o Evangelho, explicá-lo às pessoas, e viver fazendo o inverso do que diz? Não seria repetir a postura final do "jovem rico" (Mc 10,17-22; Mt 19,16-22; Lc 18,18-23)? Aquele jovem cumpria ao pé da letra o que mandava a religião, mas não foi capaz de cumprir o que, segundo o Evangelho, lhe faltava: "Vai, vende o que tens e dá-o aos pobres... depois vem e segue-me" (Mc 10,21; Mt 19,21; Lc 18,22). Não é isso que acontece com a Igreja? Cumpre ao pé da letra o que mandam as leis e as normas da religião, mas não se desprende da imensa riqueza que pos-

---

244. Cf. ROLOFF, J. *In*: BALZ, H.; SCHNEIDER, G. *Diccionario exegético del Nuevo Testamento. Op. cit.*, v. 1, p. 1.250-1.267. Com ampla bibliografia.

sui. Obviamente, a Igreja faz caridade, manda missionários e missionárias aos países pobres e ajuda muitas pessoas. Mas às vezes não passa disso! Por isso, pergunto-me: será que a Igreja segue realmente a Jesus?

A segunda decisão que a Igreja precisa tomar é a "liberdade" diante do "prestígio". Refiro-me à liberdade diante da ambição de ser mais importante. Segundo o Evangelho, os discípulos mais próximos de Jesus se despojaram de suas famílias, de suas casas, de seus bens, de tudo. Menos da ambição de ser o primeiro. Exatamente por isso, quando Jesus ia a Jerusalém, convencido de que ali o matariam, como narram os evangelhos em três ocasiões (Mc 8,31 par.; 9,31 par.; 10,33 par.)[245], os apóstolos Tiago e João se aproximaram para pedir a Jesus os primeiros lugares. E, quando os outros apóstolos se inteiraram dessa ambição, indignaram-se, porque, sem dúvida, todos queriam ocupar os primeiros lugares, os cargos de comando e privilégio, as funções mais importantes (Mc 10,35-45; Mt 20,20-28; cf. Lc 22,24-27).

Não obstante isso, não devemos esquecer que os discípulos e apóstolos, os mais próximos de Jesus, quando foram chamados pelo Senhor, imediatamente deixaram tudo e o seguiram. Somente Judas, o egoísta embusteiro, acabou vendendo Jesus e, em seu desespero pelo que havia feito, acabou com sua vida se enforcando (Mt 27,3-10; cf. At 1,18-19). Os outros apóstolos, embora jamais tenham dado mostras de ambição pelo dinheiro ou pela riqueza, pecaram pela importância dada à ambição pelo poder.

De fato, os discípulos de Jesus pretenderam ser os únicos que podiam expulsar demônios, uma pretensão na qual fra-

---

245. Cf. JEREMIAS, J. *Teología del Nuevo Testamento. Op. cit.*, v. 1, p. 321-331.

cassaram. E foi um fracasso aprovado por Jesus: "Aquele que não está contra nós é a favor de nós" (Mc 9,38-41; Lc 9,49-50). E conste que, pouco antes, os discípulos já haviam perguntado a Jesus: "Quem é o maior do Reino de Deus" (Mc 9,33-37.42-48; Lc 9,46-48; 17,1-2). Pouco depois, às vésperas da paixão, houve o escandaloso e ridículo episódio em que Tiago e João, filhos de Zebedeu (acompanhados de sua mãe), reivindicaram a Jesus os primeiros lugares, fato que produziu outro enfrentamento entre aqueles homens a fim de averiguar qual deles seria o mais importante (Mc 10,20-28 par.).

Trata-se de uma ambição de importância, de distinção e de poder que acabou em fuga: "E todos o abandonaram e fugiram" (Mc 14,50 par.), ao verem que era sério o iminente fracasso de Jesus. Isso nos diz que a ambição humana nos afasta de Jesus e do Evangelho por dois motivos: por dinheiro (Judas) e por poder (todos os outros). O mais frequente (e perigoso) é a ambição de ser importante, de ter poder de mando, de alcançar o auge do sucesso e da glória. É evidente que, nessas condições, a fraternidade e a solidariedade se anulam, marginalizam-se, desaparecem; e o serviço aos outros fica reduzido a nada. Uma Igreja na qual manda a ambição pelo poder não pode ser a Igreja de Jesus.

E ainda outro tema de importância: a liberdade em tudo o que se refere às relações da religião com os poderes públicos, concretamente com o poder político. Jesus jamais se imiscuiu em temas políticos. Nem a favor, nem contra. Quando Herodes matou João Batista, Jesus não disse uma palavra. O Evangelho se limita a dizer que os discípulos de João o sepultaram (Mc 6,29 par.). E, quando informaram a Jesus que Pilatos havia mandado degolar alguns galileus porque se haviam implicado na liturgia do templo, não denunciou a tirania do procurador romano, mas disse aos seus ouvintes: "Se não vos converter-des, perecereis todos do mesmo modo" (Lc 13,1-3). Nenhuma palavra contra o político, a não ser uma ameaça aos cidadãos que não se comportavam retamente. Além disso, quando perguntaram a Jesus se deviam pagar os impostos ao imperador, sua resposta nos parece estranha: "devolvei (*âpodote*) a César o que é de César" (Lc 20,25). O que deviam devolver ao imperador de Roma? A estabilidade econômica e política que os sacerdotes do templo não garantiam. Disso se encarregavam os legionários do imperador[246].

A terceira decisão que a Igreja teria de tomar é a "igualdade". Já disse anteriormente que igualdade – um direito – não é o mesmo que diferença – um fato – (cf. Luigi Ferrajoli). A diferença é produto da natureza; por exemplo: nascer mulher ou nascer homem. A igualdade – ou a desigualdade – é produto das decisões humanas; por exemplo: que as mulheres não tenham os mesmos direitos que os homens.

É inevitável reconhecer que a Igreja é uma das instituições que estabelecem e defendem mais as desigualdades. Obviamente, desigualdade entre homens e mulheres; desigualdade entre clérigos e leigos; desigualdade entre bispos e simples sacerdotes; desigualdade entre os cardeais e quem não chega a semelhante dignidade. Todas essas e outras desigualdades não foram inspiradas no Evangelho. Muito pelo contrário! Jesus teve frequentes e fortes enfrentamentos, mas o único coletivo com o qual não teve conflito algum foi precisamente o coletivo feminino. Sempre defendeu as mulheres, inclusive quando se tratava de mulheres pouco exemplares.

---

246. Cf. BOVON, F. *El Evangelio según San Lucas*. Salamanca: Sígueme, 2010, v. 4, p. 114.

Se falamos de desigualdade, a maior é a produzida pelo sistema capitalista. Nada existe que possa ser comparado a essa atrocidade e às consequências de sofrimento e morte que ele produz. Nunca quis identificar-me (ou pertencer) a um partido político. Tento centrar minha vida no Evangelho. Por isso escrevo este livro. E por isso precisamente a Igreja teria que dar um exemplo impecável de igualdade em tudo o que for possível.

A Igreja deveria ter presente as consequências da imperiosa afirmação que o Vaticano II fez: "Os seculares, como todos os fiéis cristãos, têm o direito de receber com abundância [...] os auxílios da palavra de Deus e dos sacramentos" (LG 37). Portanto, a Igreja tem o dever de voltar a atenção de modo que todos possam ouvir a palavra de Deus e receber os sacramentos. Em uma Igreja em que mais da metade de suas paróquias não tem um sacerdote que as atenda, é um dever premente dar uma solução a esse tema central na vida da própria Igreja.

Portanto, já não teria chegado o momento de as mulheres poderem ministrar os sacramentos, incluída a celebração da Eucaristia, em uma situação tão grave e que piora a cada dia? O que é mais importante: marginalizar as mulheres ou ministrar a liturgia de maneira que todos os cristãos possam receber a palavra de Deus e os sacramentos?

Levando em conta as três decisões indicativas ("despojamento", "liberdade" e "igualdade"), como teria que se organizar e se autogerenciar a Igreja para que o Evangelho esteja mais presente nela, e sejam menos determinantes a legislação e o ritual?

Proponho abaixo uma série de decisões práticas, que podem ajudar neste propósito:

- As dioceses deveriam ser pequenas, de modo que os cristãos de cada diocese pudessem conhecer e ajudar-se mutuamente.

- O bispo de cada diocese deveria ser eleito e nomeado, não em Roma nem na Conferência Episcopal de cada país, mas pelos fiéis cristãos da diocese.

- A liturgia medieval, que ainda se celebra, deveria ser atualizada de acordo com a Ceia de despedida de Jesus, segundo relatam os evangelhos.

- As comunidades de cristãos deveriam centrar suas reuniões no estudo do Evangelho semanal, segundo a ordem das leituras que atualmente a Igreja tem.

- As dioceses deveriam manter e fomentar um sincero diálogo com a Conferência Episcopal de cada país, da mesma forma que cada Conferência Episcopal nacional deveria manter uma frequente e transparente comunicação com o Bispo de Roma. Somente assim seria possível manter a comunhão e a unidade.

- Se se observam e se cumprem determinados rituais, é importante saber que isso não pode ser parte da fé cristã. O Evangelho não é um conjunto de ritos e cerimônias. O Evangelho é uma forma de vida na qual se revela a humanização do Deus transcendente e na qual se humaniza o "ser humano". Vivendo como Jesus viveu – à medida do possível – não apenas humanizaremos este mundo tão desumanizado, mas, além disso e sobretudo, realizaremos as nossas mais altas aspirações, e o mundo será mais habitável para todos os seres humanos.

Conecte-se conosco:

 facebook.com/editoravozes

 @editoravozes

 @editora_vozes

 youtube.com/editoravozes

 +55 24 2233-9033

www.vozes.com.br

Conheça nossas lojas:

www.livrariavozes.com.br

Belo Horizonte – Brasília – Campinas – Cuiabá – Curitiba
Fortaleza – Juiz de Fora – Petrópolis – Recife – São Paulo

EDITORA VOZES LTDA.
Rua Frei Luís, 100 – Centro – Cep 25689-900 – Petrópolis, RJ
Tel.: (24) 2233-9000 – E-mail: vendas@vozes.com.br